苍南乡思

中共苍南县委宣传部 编

文匯出版社

编辑指导委员会

顾　问：林森森
主　任：周建强
副主任：赖纯阳
委　员：朱　燕　陈以周

主　编：陈以周

目录

上 编

朱维之	农村的童年生活	3
林辉山	贫困岁月靠勤劳	13
苏渊雷	玉龙之子	19
苏中武	忆往昔	25
徐　规	师承	33
陈青莲	中学阶段	41
张　禹	春暖花开之前	47
杨　奔	小品苍南	53
陈绁艺	研习自然疗法之原因	63
许威汉	学习历程断片	69
伍　隼	"月是故乡明"	75
杨世钺	自报家门	83
侯百朋	我的自学道路	89
谢　云	苍南乡思	95
华纫秋	水彩画之路	99
卢声亮	家庭与学校	107
董孔甫	忆在校读书和走向革命	117
郑立于	采矿	121
萧耘春	记忆：存留的残片	127

郑绍珪	读书生涯回顾	139
黄钦康	向百年金小致敬	145
刘文峰	我的小传	153
陈翔华	从学徒到军旅生活	159
刘际潘	苦海煎熬 励志发奋	167
梁祥济	我的童年	175
李秉彝 李秉萱	我们讲金乡话长大	183
苏春生	黄花时节忆父亲	187
郭心正	求学时期	193
李成廉	思乡情	199
陶大钊	校庆随想	207
姜玉铭	限制的格子窗	213
高　崎	吊壁灯	219

下　编

黄传会	我的名字叫苍南	229
何　新	故园记忆	235
简少微	老账三笔	245
洪振宁	精神家园的奠基	255

叶志镇	感恩灵中母校	**261**
张　翎	藻溪，母亲的河	**265**
虞锦贵	江南古镇写意	**273**
林文翰	我的童年及青少年	**277**
周　波	难忘母校	**283**
李步舒	童年歌谣玉龙溪	**287**
陈亦武	旧时溪山梦内寻	**295**
刘德吾	小小晴天	**303**
黄运特	寻找曾伯祖父黄实	**309**
叶存政	回乡偶记	**317**
郑学斌	梦开始的地方	**321**
白荣敏	一片云遥望故乡	**325**
鹤　矾	梦回天湖	**333**
哲　贵	故乡的小和大	**339**
缪克构	黄鱼的叫喊	**345**
绿　茶	一次次的离乡与返乡	**355**

编后记　　**365**

上 编

农村的童年生活

朱维之

朱维之
1905—1999

初名维志，单名智，苍南县钱库镇朱家斗村人。著名学者、翻译家。曾任南开大学中文系主任、教授。著有《中国文艺思潮史略》《文艺宗教论集》等，译有《失乐园》《复乐园》等，主编《外国文学史》沿用至今。

我出生在浙江温州苍南的一个中农家庭里，从幼年到童年都在农村度过。从十岁进城读书时起，逐渐转到城市生活。现在回想起七十年前的农村童年生活，好像是昨天的事。

一、最初能记忆的事

三岁以前的事完全没有印象了，最初能记忆的事是妈妈的慈爱和她的勤劳。大约是我三岁的时候，妈妈拿了一张小竹椅，叫我坐在她的两膝之间看她纺纱。那时我开始体会到妈妈怀中的温暖，欣赏她劳动的技能。她坐在纺车的前面，右手摇着纺车，左手拿拇指粗的棉花条放在纺针尖端被搓滚成细纱。在那时的农家中，这种纺车算是最精密的机器，大车轮转一圈，纺针就转好几百次或上千次。棉花条在针尖上很快就被搓滚成细纱。妈妈得心应手地一手摇转车轮，一手把针尖上纺出的棉纱向上拉长，到了高得不能再高处，叉开三个指头像舞蹈的手势绕上棉纱三圈；然后把车轮轻轻倒退一下，把棉纱绕在纱锭上（纱锭套在纺针上，锭的下面就是纺针的尖端，针尖顺转时把棉条纺成纱，倒转时就把纱绕在锭上），然后再把棉条放在针尖上搓纺。

我坐在妈妈前面，看得最清楚，一面欣赏她的技艺，一面欣赏这个小机器的灵巧。

到了我五岁的时候，比我小两岁的妹妹坐上那张小竹椅，同样在妈妈的两膝之间欣赏她的纺纱技艺，并尝受她的爱护之情。我看了，很有一些"让位"的感慨。我长大了，该让位了，虽然妈妈同样地爱我，但我不能永远赖在妈妈的怀抱里，必须自己独立去找玩的东西。

二、自己去发现并制造玩的东西

七十多年前的农村，不像今天小朋友的家里有许多自动或机动的玩具，没有开发儿童智力的新式玩具。我在幼年时，家里什么玩具都没有,大人们不关心孩子玩耍的事。我在五六岁时就自己到大自然去找可以玩的东西。农村的特点是接近大自然。辽阔的天空,广阔的大地,浩浩的河流,繁茂的花草、树木,空中的浮云和飞鸟,地上的走兽、昆虫,水中的游鱼等等,有说不完的好玩东西,能够引起孩子的遐想和实验。例如小麻雀的蹦蹦跳跳、快乐活泼的样子,叫你高兴。老鹰在高空中盘旋时,展翅飞动而流荡滑翔,有时猛扑而下,像在捕捉小鸡或什么东西,给人以雄健勇猛的感觉。花草树木的生长、开花、结子,暑寒荣枯,都有各种不同的趣味。草的叶子不一样,有长有短,有的还带刺;开的花有红的、黄的、紫的、蓝的,形状也有单瓣、重瓣的,有四瓣的、五瓣的;等等。树木的千姿百态,更有给人乐趣的东西。昆虫的动作也很好玩,例如蚂蚁搬家,那么长的队伍,那么井井有条的阵营,个个尽自己的力量,把货物全部搬迁。这种组织性很强的小动物的行动,直叫人佩服。当它们两军对垒时,更是好看,队伍整齐,正式打仗时,打得你死我活,直至尸体堆积如山,勇敢忠贞的精神,真令人敬佩。

  我家房子的前后左右都有余地,栽有各种果树,有梨树、桃树、橘子树、柚子树、酸橙树,它们在不同的季节开不同的花,结不同的果实。从树上直接摘下的果子,格外鲜美。我家后面还有两丛竹林和一株棕榈,是我最爱的。竹子长得快,雨后春笋,一天长几寸,出土几天就长得和我一样高了。笋子炒咸菜,味道鲜美无比。更可爱的是它们那耸入高空的青翠茎叶,亭亭玉立,显得那么纯洁!微风吹来,一片沙沙声,是那么温柔细腻。但当大风袭来时,竹林总是最先发出萧萧的喧声,不平静的调子,奏出我幼小心灵的怅惘情绪。池塘边的棕榈树坚毅地独立着,大蒲扇似的叶子显得很高洁,在秋天高爽的日子,倒映池水中,小鱼在池水的倒影中间游玩,是另一种境界。

大自然是一部看不完的大画册,读不完的大书,里面有无穷的奥秘,极大的学问,有欣赏不完的乐趣。

更有意思的是自己制造玩具。印象最深的是茭白的叶子做成的帆船。茭白叶子长长的,像一把把宝剑,叶面有茸毛,放在水里很平稳;又不吸水;所以茭叶船航行起来很灵敏,只要有一点微风就能把它吹到池心或河心。我家门前五十米外有条大河,河边有乌桕树和榆树,在树荫下放帆船,可以随风而去,远到百米以外。但河大水深,妈妈不让我独自去玩。每当独自玩时,为免妈妈的操心,我总是在后院的池塘边试航,池边多茭白,造船的原料充足,缺点是风小,须得风乍起,吹皱这池春水时,茭船才活跃起来。

自制帆船的玩法最好是比赛竞渡,看谁的船驶得快。可惜我没有同龄游伴,小哥哥比我大七岁,虽然他很爱我,但他快到成人之年,不是我的游伴;伯父的小儿子比我大五岁,也玩不到一块去;妹妹比我小两岁,年龄的差距不大,但是个女性,又不到自制玩具的年纪。所以我只能同时制造几只船，同时开航，让它们自己比赛。环境逼我独自玩耍，独自沉思。

三、劳动和健康的身体

农村的男女多喜欢劳动。我妈妈一向喜欢纺纱和其他的劳动，到七十多岁时还是闲不住，要儿辈买棉花让她纺纱。她觉得纺纱劳动是消磨老龄时光的最好方式。我爸爸虽然也喜欢读些书，但他是个农耕的能手，在村子里受人尊敬。我从七岁起就帮着干些农活。父亲犁田时，我跟在后面拾泥鳅。放牛是我喜欢的活，骑在牛背上是一种享受。等我会看小说时，牛背上阅读更有一番风趣。只有一次，我不小心从牛背上摔下来，起来却鞭打了它，它流泪了，那泪水唤起我永久的内疚。

捉螃蟹、钓河鳗、扦虾、拔针鱼等带有游戏性质的劳动我也是喜欢干的。捉螃蟹方法有三种：夏天用蚯蚓穿在细竹丝的一端，放进田畔的蟹洞里，哄它出来；秋天把丝瓜或瓠瓜的废藤拔下捆扎或捆放在河里，过一夜后拉上来，准有蟹在；冬天撒网在河里，再撒一把米，过一小时去拉网，一网可得二三只。钓河鳗的方法是一人准备十多根小竹竿，系上带有钓鱼钩的粗线，钩上有蚯蚓为饵，把钩沉入水中，竹竿插在岸边，过半小时后，一竿一竿地拉起来，河鳗若吞了鱼钩就逃不掉。扦河虾的方法和钩河鳗相似,不过不用鱼钩而用酒糟少许在一尺对方的布网上,河虾好酒,醉卧布网也逃不了。拔针鱼不是一个人干得了的,要有六七人,一半在岸上拉纤,一半划船,狭长的渔网在中间水面浅处拦过去,每二三十米可以起一次网。针鱼在夏天的中午喜欢游在水面,很容易捕捞。这些劳动不容易累,不是不用力,而是带趣味性的劳动,既可以改善一家人的生活,又可以学会渔猎的方法和熟悉鱼虾的特性。

划船和车水是比较费劲的劳动。划船不单要气力还要有技巧。在南方农村里,船是主要的交通工具,一划常是十里二十里,不像公园里的划船,可以不费力和技巧。农村划船是劳动,长距离的划船要有耐心、韧性和毅力。在夏日炎炎的车水劳动中,锻炼我在这方面的意志和体力,还使我在拼搏中苦思怎样用机械代替体力劳动。今天农村都用电机灌溉了,但是锻炼意志、毅力和拼搏精神不能减少。

我童年时代在农村参加劳动和锻炼,给了我健康的身体,这一点,我愈到老年愈清楚。我今年八十一岁了,一直没有生过大病。我从童年起就不常患病,除了一次因蚊子传染得了疟疾外,在农村没有病过。农村有清鲜的空气,充足的阳光,新鲜的蔬果和鱼虾。还有一个好习惯就是不吃零食,消化系统一直正常,心肺也正常。粉碎"四人帮"以后,重操旧业,1980年以来,我每年出版一本书,包括翻译的弥尔顿诗作《失乐园》

《复乐园》《斗士参孙》，主编了《外国文学简编》《外国文学史》，估计今后五年还有可能每年出一册，还打算继续学习希腊文、希伯来文等古代语文，如果没有意外的话。这都是受益于童年时代的劳动和锻炼。

四、家塾和小学

我七岁发蒙，在家塾读书。发蒙老师是一位老秀才。我有幸在民国初年（1912）发蒙，新编小学教科书第一册开始是每页两个大字配上图画："人、手、中、刀、山、水、田、狗、牛、羊"，一些象形的字，很容易记住。老师见我太轻松，要教我读《幼学琼林》，我坚决不读，因为比我大的孩子都愁眉苦脸地读"四书五经"或《幼学琼林》，嘴里硬背，心里不懂，只想逃学。我不愿坐着死背书，喜欢在玩耍中认字，教科书等于看图认字，楹联、匾额等也是大字教材。秀才老师也识时务，皇帝倒了，孙中山先生当了第一任总统，科举也废了，他就不勉强我读《幼学琼林》了。但老师有一部《康熙字典》，不认得的字可以一查就会，引起我的极大兴趣。几年之后，我也买了《中华新编字典》，这书对我帮助很大。后来我特别喜欢买各种辞书的嗜好，也是由启蒙老师来的。

第二年老师病了，哥哥们和堂兄们也都读过好几年书了，家塾因而停办了。我只好到离家很远的小学去上学。小学里除国文外，还有算术、修身、手工、体操等，花样多。但我每天得独自往返走十六里路，走过五条大河、六条大石桥，早晨八点前要赶到，晚上很晚才到家，风雨无阻，坚持两年，这对我这八九岁的孩子来说是个考验，也是极好的锻炼——锻炼身体、意志和毅力。

两年后，爸爸为我在温州城里找到一所可以住读的小学——崇真小学。这所小学比较严格，每天要做清洁工作，每星期六要洗擦地板，自己洗衣服。这比每天走十六里路要省事多了。教历史的王活泉先生给我印象最深，他讲近代史时讲到帝国主义如何欺我们，我们连连打败仗，甚至在中法之战中打赢了还得割地赔款，王老师讲得生动，在我幼稚的心灵中播下爱国思想的种子。

1917年冬，我十二岁，从高等小学毕业了。未读中学之前，王活泉先生介绍我到温州瓯江上游西溪的一个山村去教小学，其实是家塾，因为教师只我一个。那时我十三岁，却一点也不怕；因为我熟悉家塾是怎么回事，同时，我带有一部《中华新编字典》这有力的武器。我到任的第二天，就有两个十八岁的学生退学了，说是老师只十三岁。其余留下的学生都和我年龄差不多，都喜欢玩儿。有些家长通过学生暗中考我，问了一些较难的字，我查了字典，一一予以正确的回答。他们服了，对怎么教法都放心了。我为了山村的需要，以国文为主，也教些算术、唱歌、体操、修身。下午四时放学，我和年龄相近的同学上山采果子、采花。我生长在平原农村，对山区不熟悉，学生倒教了老师好多东西。我也讲了些平原农村的事和从老师那里学来的近代史和爱国的故事。学期快结束了，家长们轮流宴请"小先生"，有酒有肉。我在欢乐的气氛中告别了山村，也告别了童年时代。

（选自《晚霞落日觅童年：二十世纪中国作家学者艺术家谈童年》，中国和平出版社1999年版）

贫困岁月靠勤劳

林辉山

林辉山
1906—1980

原名林上厅,又名苏岳、飞山,苍南县赤溪镇圆潭村人。1933年参加革命,中共七大代表。曾任浙江省政协副主席、人大常委会副主任等。2006年整理出版《魂归瓯江:林辉山革命回忆录》。

浙江省平阳县(指现苍南与平阳两县,当时两县尚未分开)矾山镇(矾山镇以盛产明矾得名,我国80%的明矾产于此)有个矾矿。镇东边十公里处,有一个叫圆潭的偏僻小山村。二十世纪初,那里山路崎岖、交通十分不便,土薄石多,周围不少贫苦农民,常以挑矾糊口。他们每天从家出发挑着海货的担子,向上爬二十里山路,放下海货,挑上明矾,下山行三十里路来到海边的赤溪镇,放下明矾,挑上海货,再爬十里山路回到圆潭。

1906年1月23日(光绪丙午十二月二十九日),我就出生在这样一个挑矾脚夫的家里。我出生后,家里有四口人,父亲、母亲、祖母和我。父亲林颜类，从二十岁起长年累月、风雨无阻地去矿上挑矾，每天起早贪黑，肩负百斤担，来回六十多里山路，却只挣得四五角工钱，以此养活全家，其艰难程度可想而知，真是"地主老财真无道，当家吃米我吃糠"。

就在这样凄风苦雨的日子里，我度过了苦难的童年。我十一岁那年，尽管父亲拼命奔波，母亲俭朴持家，仍旧入不敷出，难以为生，加上又多了个小弟弟，我只好迫不得已离开亲人，到富农林颜尤家去放牛。

我在林颜尤家放了一年牛。每天除了放牛还要割八十斤左右的草，上午割四十斤，中午挑回来，下午割四十斤，晚上挑回来，有时还要打柴，每挑回一担柴草，都要爬一里多的岭。这样辛辛苦苦一年到头只有四块工钱。

有一天打柴不小心，我从很高的树上掉下来，摔断了脊梁骨，被送回了家。穷人连饭都吃不饱，哪还有钱求医。万般无奈，父亲只得流着泪给我做了个草窝窝，让我在里面睡觉、养伤，待骨头长好起来时，才发现自己成了驼子。在家养伤住了一年，由于家中仍然无法维持我的生活，只得再把我送到地主林上池家中去放牛。

放牛娃的孤苦伶仃生活，我整整过了三年，换了三个东家。三年来，我像一架小机器有规律地但是相当繁重地运行着。每到半夜三更，就摸黑起床喂牛，天亮后就一边放牛，一边割草，晚上又去把所割的草挑回来。一年三百六十五天，太阳和月亮还有换班的时候，我却没有替手，天天如此，夜夜照常。耕田犁地的牛还有个停闲，我呢，打瞌睡还得偷偷抽空才行。过度的劳累，使我缺乏营养的身体受到更重的摧残。而地主富农的儿子常常任意打骂我，百般侮辱我。有时我饭吃到一半，筷子也会被他们抢掉。我告天无梯，叩地无门，气得我累上加病。"无病当牛马，有病赶回家"，我只有拖着一身病回家过活。

记得在我十四岁那年冬天，天气特别冷，气温降到零下十多摄氏度。当时我还没有裤子穿，实在冷得不行，只得成天和母亲商量，请她设法做条裤子给我穿。母亲只好在全家人的牙缝里挤、饭碗里抠，省吃俭用过了许多日子，才算凑钱买了几尺布给我做了一条裤子。没有替换的衣裤，总是穿了洗，洗了穿。寒冬腊月，到晚上只有烧柴取暖度夜。一年四季没有鞋子穿，只得打赤脚，即使走几十里小路去矾山挑矿也是如此。

1920年平阳地区闹灾荒，加上明矾的销路不好，父亲失业了。那时，一百斤大米需要七块银洋，每担番薯丝也要六块左右。在这种年景，全家只好上山采野菜度日。秋天祖母生病去世，没钱买棺材，只好东借西讨弄点钱草草把她安葬了。年底，父亲又积劳成疾，病成半瘫痪状。家中早已分文全无，只得将能卖的东西卖光，但也治不好他的病。一家四口人吃饭成了问题。那年我才十五岁，只能挑起家庭重担，出外打短工，一天挣二角五分钱，维持全家生活。那个年头啊，真是祸不单行，苦上加苦，灾上加灾。

毕竟天无绝人之路。正当父亲的疾病难以治愈之际，赤溪镇有个名叫郑和泮做小生意的人，对我父亲很关心，帮忙找来一位会针灸的土郎中。这个郎中虽穿着破烂，医术却颇为高明。他从父亲的头部到脚趾，共针灸了一百多处穴位，每扎一针都放一点血，贴上一块小膏药。一昼夜后，父亲双腿发肿，我心里害怕，就又去找这个土郎中。他叫我上山采五种草药（可惜我现在都忘了是什么草药），捣碎后敷在父亲的足跟上，半支香后再将药拿掉就可以消肿。他还关照我，等你父亲病好了后绝对禁忌吃鸡、田螺和螃蟹。我回去照着他说的做，果然有效，父亲的腿消了肿，没过几天，瘫痪症竟完全好了，照样能挑一百五十斤的明矾担子。此后，我就深信中草药能治大病，自己也稍学了点针灸，认了一些中草药。

父亲的病好了，是全家的一件大喜事，但在阶级压迫和剥削深重的年代，全家人的生活依然十分困苦。

1921年是伟大的中国共产党成立的一年，但由于山区闭塞，这消息还没有传到我们这小山村。我这半大的孩子只知道一心一意务农，想把日子过得好一点，就积极设法去找下中农和中农，向他们租一点种不完的荒山荒地。开荒种地，拼了一年，收了十五六担干番薯条，一家四口总算有了几个月的口粮。

短少的部分只得向地主、富农去买。有一次，我向一个叫林颜帮的富农去买番薯干，他给的是带土发霉虫吃过的番薯干，我也只好忍气吞声地买下来。

我勤劳地干活，慢慢改变了家庭的状况。村子里的老百姓纷纷议论，这个孩子有志气，就慢慢与我接近起来。一些富裕的中农看中了我的劳动力，在农忙季节请我去打打短工。这都使我深深体会到，旧社会"人富情面在，人穷狗不来"。

这时，我知道离家五六里路的地方有老祖宗留下的一片荒山，我千方百计搞来了这片荒山，封山育林，从1922年到1930年育成一片马尾松林。每年可以伐树几十担，换点钱用。1928年，家境好了一些，我们全家省吃俭用添了一间房子。

就这样，我一点点担起了全家人的生活重担，在人生崎岖的道路上继续过着苦难的生活。脑子里总是在想，为什么人间世道这么不平。

（节选自《魂归瓯江：林辉山革命回忆录》，中共党史出版社2006年版）

玉龙之子

苏渊雷

苏渊雷
1908—1995

原名中常,字仲翔,晚署钵翁,又号遁园,苍南县钱库镇玉龙口村人。著名文史学者、诗人。曾任华东师范大学历史系教授。在文史哲及佛学诸方面均有建树。2008年整理出版《苏渊雷全集》。

玄黄集叙

余生四岁而孤,兄弟二人,唯母氏是依。灯影机声下,每睹慈容哀戚,辄悲不自胜。伤感之质,盖植根于此。幼时,母尝语余:"儿丧父,亦感苦否?"凄然答曰:"越想越苦。"稚泪两行,潸潸下矣。

母不知书,然有夙慧,聆塾中人诵诗,即朗朗上口。余六岁就学,挑灯夜读,母每为诵"采采卷耳"之章。一夕,风雨甚,拂晓窗外鸟声啾啾,母吟唐人"春眠不觉晓"绝句,伯兄与余,随声和之以为乐。

家有小园，先曾祖父梧生公手植杨柳数株，皆成围，夏日绿荫如幄，余尝游憩其下。高柳鸣蝉，声声摇曳；斜阳一抹，脉脉微波。大自然之同情为无限也。

先外王父徐公笛秋，性恬淡，滋兰采菊，意殊闲适。余依恃左右殆二三年，以是稍解吟咏。年十三，入南雁宕山，就读会文书院。明年，入郡校，获交蔡君思牟，暇事登蹑，弥足骋怀。永嘉称山水县，谢客流风固未泯也。嗣是献身革命，而韵语遂废。

年十九，遘党祸，七载得生还，而蔡君已及难。既拥书海上，缁尘京国，岁月蹉跎，年三十矣。抗倭军兴，世变益亟，虫吟碌碌，复何足称。然笔下伤心，未能自已，抚今追昔，聊慰死生契阔之思耳。

生平志事，百未一酬，忧能伤人，弥用自惧。因删存旧什，得百余首，都为三卷，借自省览，并志苦辛云尔。

1938 年 12 月自叙于渝州

家母徐太夫人六十寿启

丁亥三月初九，实为家母六十诞辰。时难年荒，烽烟未净，重承慈命，未敢称觞。然娱亲人，子之恒情，乞言旧礼所不废，谨述懿行，借求鸿藻。

1971年，苏渊雷退休回故乡侍奉母亲时合影

家母系出名门，望高东海，年二十，归先考伍兰府君。妇德备著，见称戚郦。逾五稔先君见背，伯方五岁，余才四龄耳，伫苦停辛，垂四十载。家本小康，世传耕读，先君居长，同怀六人，王父母逝后，季叔尚在髫龄。家母既兼父职，复分母爱，劳怨自任，内外禽服，难危相乘，苦节尤贞。此则百里之内，远近无间者矣。

嗣以分居析爨，别出孤茕，尺宅寸田，生事日拙。然犹针神自课，蚕箔亲劳，镫影机声，靡间晨夕。束脩衣食所资，胥由是出，而送暖嘘寒，细大无憾，此又难能可纪者也。

外王父获秋公，隐居求志，文史自娱，家母耳根偶接，慧解自生。唐句葩经，每多成诵，大乘妙法，行解尤勤。自余昆季，就学外家，青灯黄卷，督教綦严。秋实春华，日窥其大，虽未成章，而慈心亦得稍慰矣。

无如林宗观象，大乱将生，复以弱龄，惨罹党祸。七年不觌，始获生还。而外家零落，横逆频仍，历人世之至艰，维门庭于不堕，此间岁月，孰辨酸辛。

既拥书海上，宜我室家，菽水承欢，慈颜乍霁。旋以芦沟战起，避寇西征；未及舆迎，遂违定省。故园东望，风鹤频惊，老境寂寥，何殊曩昔？幸收京闻捷，携眷遄归，破涕为欢，相劳行役。十年远别，而家母亦忽焉六十矣。柏舟矢志，萱阁蠲忧；人爵未加，天伦足乐。自唯明时偃蹇，未致显扬；仰体慈

— 23 —

恩,差免罪衅。然养亲兴色难之叹,持家凛正位之戒;久负孝思,尤惭慧业。此则世俗所讳言,而私心弥用自讼者矣。

所冀大雅君子,硕学名彦,推锡类不匮之恩,析太平多寿之报,宠惠鸿文,俾资德润:则片言只字,感同百朋之锡矣。

1947年

(选自《苏渊雷全集》,华东师范大学出版社2008年版,题目为编者所加)

忆往昔

苏中武

苏中武
1917—2011

原名忠武,字汉征,苍南县钱库镇玉龙口村人。著名生药学家。1946年赴美国军医大学留学。曾任第二军医大学教授、博士生导师。编著有《生药学讲义》《中国药用植物图鉴》《生药学》等。

1917年4月5日(民国六年农历闰二月十四日,适逢清明节),我诞生于浙江省平阳县江南区玉龙口村(今属苍南县新安乡)祖居。原名忠武,后改名中武,字汉征,并曾用惠迪堂、止戈等为笔名。

玉龙口村位于宜山镇至钱库镇中途,河流交叉,风景秀丽。村的东西南皆水稻田,北沿小河。河自村西鲤山港来,河水清澈,经玉龙口与北岸的大树下村之间而成为两村的界河;复东流约半里与南北向来小河汇合,流水已不若西来的山泉水清澈矣。在流经玉龙口村北里许的河流中网获的银鱼,体大味美,质量为全乡者之冠,盖河水清浊交汇处,适宜此种银鱼之孕育使然。我祖辈在这幽静的乡村里过着半耕半读的小康生活。祖居前有小园，祖辈植有棕榈、乌桕、刚竹、柿、柚等树木，其中樟树两株，皆高逾十丈，五里外即遥见其树冠，有若绿幄，令人遐思。

父亲寿康在北京大学理学院物理学科肄业时，改名苏骅，字法竞。先君三岁时，祖父母均辞世，赖曾祖父母抚养长大，先娶陈氏，早丧，遗我异母兄中缙，在北大肄业期间曾祖父又逝世，迫不得已辍学，后在乡间创办小学及兴水利等公益事业，一生无其他作为，因此亟望子女及侄辈能求学上进。舅父宋任夫乃父亲在北大时同学，在文学院攻法律，曾任职至浙江省高等法院院长，二人同学友善，母亲宋慧云乃得有缘与父亲联姻。母亲虽未入学，然少慧好学，外祖父家又多藏书，故能粗知文学，时值五四运动前后，受新思潮影响，反对缠足，但她一双天足在当时备受歧视。来归先君后，生我及弟妹五人，而待我异母兄胜如我弟妹。母亲治家有方：自奉俭朴，注重教育子女，襄助父亲培养我辈六人均受良好教育。

少年求学

我六岁发蒙，就读于私塾玉龙公学，与宗兄景文及邻村学童十余人同学。私塾只设两门课：国文、算术，至三年级增一门常识课，均采用县立小学教本。我在三年内修完初级小学的三门课业。九岁时我投考宜山镇的平阳县立第四小学高级部，因入学考试只考国文和算术两课，得以展我所长，居然以第二名的成绩被录取入五年级。但在私塾三年，缺少音乐、图画、手工等艺术课的训练，影响我直至老年仍缺少艺术方面应有的修养。在高级小学与林肇荫、陈振东、黄学训等同班，在年级中我年最少。虽然音乐、图画、手工等课的成绩较差，但国文、算术、历史、自然等课的成绩均优，因此学期总平均的学业成绩仍在班中名列前茅，偶亦占榜首。

十一岁时，我投考温州的浙江省立第十中学初中部，第十中学为浙江省办得最好的中学之一，有"数学家的摇篮"的美称，历届报考的人数甚多，除温属各县的考生外，尚有来自台州、处州各县的学生，录取比率约为10∶1；但此届平阳县四小的报考生约十五人，几乎全部考取，林肇荫同学高居榜首，我与陈振东、林邦铨、林金安、黄学训等同学亦名列前茅。十中设备完善，图书馆藏书充足，聘请的教师多数是北京师范大学毕业执教多年的，可谓阵营整齐。可惜国内军阀混战，教育经费无着，经常停发教师薪金，经常有教师请假，又有数不尽的国耻纪念日，学校时常停课，两学期解散。所以我虽然在一所较好的初级中学毕业，但不逢其时，学业未能达到预期的增长水平，初中毕业后，我决定不再考十中高中部。

1933年与林肇荫及初中同学宋超杰、孙荃等考入杭州高级中学。杭高是全国四所最著名中学之一，教学设施齐全，并建有科学馆、游泳池、健身房，图书馆藏书丰富，有多位著名的教师。培养的学生要求达到德智体美全面发展。考核严格：一门课不及格降级，体育课不及格退学。规定的课本之外，还有教师选编的补充教材。如化学课除采用《今日的化学》为教本外，张之潮老师还增补大学化学系一年级有机化学课的内容。周明生老师的国文课，补充讲义最多，他选编明代竟陵、公安两文学流派的小品文，引导学生写文章应反对拟古，应真实地抒写性灵。这两位老师的引导，使我对化学和文学发生了兴趣，当时我曾设想将来考大学要攻化学或文史科。又如崔东伯老师讲解析几何课，钱南扬老师讲诗歌课，或辩证透彻或情意激扬，六十余年前老师们生动的讲台形象、精辟的表达艺术至今犹萦回脑际，老师的恩情难忘。不幸的是我在二年级的暑假前，感染夹疟伤寒病，一病几死，先到温州医院住院治疗未有起色，后服中药逐渐痊愈，在家休养一年才完全康复。为不影响翌年报考大学，只得转学至上海的复旦实验中学。1936年暑假在复旦实验中学高中毕业。当时，我家实难负担我兄弟姐妹四人同时上学的费用，遂决计停学准备来年再考公费大学。

抗战前后

1937年"七七事变"发生，掀起了全民的抗日战争。"八一三"前上海形势紧张，上海各大学及浙江大学仍登报广告招生。我虽到上海投考，但多数大学未能举行入学考试。"八一三"抗战开始，我乘疏散列车到杭州转金华，再经丽水回家。抗日战争开始后，京沪及沿海大学均西迁昆明、贵阳、重庆等地。平阳在外地求学的大学生及中学生多数与学校失去联系，暂时滞留在故乡。留乡的大学生陈德暄、王轼等在平阳县城创办临时中学称"平阳临中"，在各乡镇的大中学生亦创办多所小学，一面办学一面宣传抗战。我与陈振东、林淑甫等亦于望鲤乡创办育仁等三所小学，我兼任育仁小学校长并义务任教一年半，后学校规模初具，教学秩序稳定，我辞去教职，到温州任永嘉县政府地政科登记员。1939年，我考取陆军军医学校大学部药科。我在杭州高中时对化学课饶有兴趣，后患伤寒病服中药而愈，此事使我终身情结生药学。那时报考军医学校的学生很多，但其中报考药科的学生不多，对生药学有兴趣的大概是很少的，我接录取通知到金华报到后几天，即从金华徒步到贵州安顺陆军军医学校。

抗战时从沿海各地西迁的大学，一般是借用附近的祠堂庙宇为宿舍，器材图书损失严重。陆军军医学校西迁至贵州安顺是因为安顺北门外有座大兵营，解决了学生宿舍和教室的问题。在营房周围的丘陵地间建筑医科前期各系和药科各系的实验室，开始是泥墙草顶，逐渐完善成为砖瓦建筑，并自建发电厂供照明和实验研究应用。附属医院则借用城内几座比较集中的祠堂和庙宇。西迁时因军队运输比较便捷，器材图书损失较少，后来还有增补，所以设备比较齐全。至于教师阵营之整齐更出乎我报考前的意料。次年，三弟中烈高中毕业，我极力劝告烈弟报考军医学校，1940年，烈弟考取大学部医科。因为我们考取公费大学，四弟才有机会继续升学。

我在药科学习四学年，学业成绩均名列前茅。特别注意钻研药用植物学、生药学、有机化学及高等有机化学。抗战时期学校无寒暑假，于1943年1月底即修完四学年的课程。毕业后留校任生药学系助教，生药学系主任为李承祜教授，我除襄助李教授负责药科本科生的药用植物学和生药学的实验指导外，还担任药学专科生的药用植物学、生药学的主讲。1944年，生药系又增聘管光地教授担任生药课主讲，因此我得以在李、管两位教授的指导下，前后进行"安顺市上四种柴胡的比较""石蒜的生药学研究""影响紫花曼陀罗生物碱含量的因子"三项研究；前两项工作在安顺时写成论文，发表于《药学季刊》；紫花曼陀罗研究一文于1947年中国药学会年会上宣读，被评为该次大会的三篇优秀论文之一，后与李承祜教授联名发表于

《科学》1949 年第 2—3 期上。

1946 年春,我考取公费留美,到美国军医大学进修卫生器材管理,但课暇仍注意到植物园、生药标本室观察,如圣路易的休氏植物园、纽约的森林公园的生药标本室。回国时陆军军医学校已与军队卫生人员训练所合并为国防医学院,药科编制缩小,隶属医事技术科,我仍在药科负责生药学讲课与指导实验。1948 年冬月有一批美援医药器材到基隆,院长林可胜派我先行到基隆代接,1949 年春孔传忠来主其事,我仍襄助其工作。5 月,国防医学院部分人员迁台,时解放军已渡长江,南京上海相接解放,因林可胜不重视药科,遂决心请假回乡,从基隆港乘机帆船返鳌江。

1949 年,中国人民解放军成立华东人民医学院,时李承祜老师已参加华东人民医学院建校工作,因得李老师介绍,于 10 月 7 日到华东人民医学院药科工作。

(节选自《苍南文史资料》第十一辑,苍南政协文史委 1996 年版,题目为编者所加)

师承

徐 规

徐 规
1920—2010

初名毓珠，后易名规，字仲矩。苍南县龙港镇（今龙港市）新兰村人。著名宋史学家。曾任浙江大学历史系教授、博士生导师。著有《王禹偁事迹著作编年》《仰素集》等。

1920年3月23日，我诞生于浙江省平阳县江南区半浦村（今属苍南县龙港镇新兰村）祖居。家世务农，原住鳌江之滨的浦西村，该村村民均为徐姓。清代道光时，因屋基被洪水冲坍，曾祖父遂移家近邻半浦，筑起茅舍数间，聊蔽风雨。曾祖父娴岐黄术，活人性命何啻千百。祖父玉泉公有兄弟四人，他居幼，粗识文字，弱冠之岁，赴邻县瑞安城习贾，因以起家。诸伯祖皆无子嗣，唯玉泉公生先君介眉甫一人，亟望其能读书上进。先君早年从温州著名学者刘绍宽先生问学，后考中清光绪二十七年温州府学生员，旋补廪生。清季即在家乡设帐授徒。民国初年，创办鹤浦初级小学，任校长，以善古文辞显名邑内，平生所撰诗文，已部分收载于1929年孟冬重修《鹤浦东海郡徐氏宗谱》中。

我幼年入鹤浦初级小学，在先君指导下，课余熟读《千家诗》《唐诗三百首》《四书集注》《古文观止》等书；点读《御批通鉴辑览》，日写大字数纸，寒暑不辍；闲暇浏览《水浒》《三国》《红楼》《西游》《聊斋》等小说。这对我日后学习中国历史大有裨益。

1931年秋，考入平阳县立江南中心小学。1933年至1939年在省立温州中学肄业。

1939年秋，西迁的国立浙江大学在本省龙泉县坊下村新办了一所分校，招收东南沿海地区的学生就读。我考取浙江大学龙泉分校文学院中国文学系。次年秋，长途跋涉，赴贵州遵义浙江大学总校继续学习，并转入史地系读历史。当时系内名师荟萃，史学组先后聘有张荫麟、谭其骧、李源澄、方豪、陈乐素、钱穆等教授。我那时爱写史论文章，曾送请李师批阅，他告诫说：你的史论文字写得还不错，但今后应撰考证文章，要务实，多在史料方面下功夫，勿尚空谈，并介绍读《廿二史札记》《日知录》。

荫麟师（自号素痴，1905—1942）是清华大学国学导师梁启超先生的高足，曾留学美国斯坦福大学攻读哲学和社会学。从青少年时代起，即以治国史为志业。他兼通文史哲，才学识在当代堪称一流,是近世中国宋史研究的开拓者,是名著《中国史纲》(上古篇)的作者。抗日战争期间,他先后两度来浙江大学执教,开设"中国通史""中国上古史""唐宋史""历史研究法"等课程,指定学生要读《史记》《资治通鉴》《宋史纪事本末》和梁启超著的《春秋载记》《战国载记》《中国历史研究法》及《补编》等书。他讲中国上古史,着重阐明先秦诸子的思想,并考订其著作内容的真伪及影响,传授理论分析与史实考证的方法;讲历史研究法,传授综述史事的原则和方法,在每一单元讲课结束时,辄口述一故事,由学生记录下来,按时上交一篇短文,他细加修改后发还,希望借此来提高我们的文字表达能力。讲宋史,内容有《宋朝的开国和开国规模》《北宋的外患与变法》《北宋四子之生活与思想》《宋代南北社会之差异》《宋太祖誓碑及政事堂刻石考》《宋太宗继统考实》《北宋的土地分配与社会骚动》《南宋末年的民生与财政》《南宋亡国史补》等专题。教课富启发性,有哲理分析,有史事考订,有艺术描绘,使听者如坐春风,似饮甘泉!

1942年夏,我从张师做学士学位论文,他创意要我写《李焘年谱》,授以周必大文集(内有李焘神道碑)做主要参考书。并说:李焘是宋代著名史家,所撰《续资治通鉴长编》一书为研究北宋史事最重要的典籍,近代学人未尝注意探索云云。又说:研究历史人物,须由做年谱入手,搞清该人物的时代背景、家庭情况、师友影响、一生经历以及著作编年，才能做出正确的评论。该文于次年定稿，获得全国大学生毕业论文优等奖。六十年代开始连续在《文史》杂志上刊登，现已被收入中华书局点校本《续资治通鉴长编》第一册中。最近又加补正，刊载于《仰素集》。这篇年谱先后经过了半个世纪的不断修订才完成。八十年代末曾应《中国史学名著评介》主编仓修良教授之请，为之撰成《〈续资治通鉴长编〉评介》一文，乃该谱的副产品。

1943年秋，升入浙江大学研究院文科研究所史地学部，从宋史专家陈乐素师（1902—1990）学习。乐素师是我国近代史学大师陈垣先生的哲嗣。幼秉庭训，早年留学日本，回国后潜心宋史研究，又精目录学、史料学、校勘学。治学严谨、笃实，善于利用科学方法收集资料。对学生态度谦和，要求严格，指导细心。我的硕士学位论文《宋代妇女的地位》，蒙他精心审正，承校外评阅委员姚从吾、贺昌群（中央大学教授）两位先生的赞许。姚先生的评语是这样写的：

本论文取材广博，论断亦精，足证学有心得。文中所引史料，大都采自原书，实事求是，尤见功力。（阅者曾查对原书约四分之一，均皆符合。）唯择题稍嫌笼统，只能泛论宋代妇女在社会上的地位，而不易作专题深入之研究，微觉美中不足。（就题目而言，似为宋代通史、社会史或文化史之一部或一章。）准许及格，并给玖拾分，以示优异。北京大学史学教授姚从吾，

2019年，徐规故居门台

民国三十四年九月。

  这个批评对我日后选择研究课题有较深的影响。论文又送呈教育部审核，由教育部先请专家一人复评，再提交教育部学术审议委员会审查，经审查投票通过，由教育部颁发学位证书。我的文学硕士学位是 1946 年 4 月通过授予的。该年浙江大学史地学部史学组毕业生三人，仅我一人获得学位。这是国民政府教育部在大陆上最后一次授予学位的活动。1947 年，我发表在《浙江学报》创刊号上的《陈傅良之宽民力说》一文,也是经乐素师指点而写成的。我之所以能在宋史研究领域得窥门径,多赖张、陈两师的谆谆教诲。

1946年5月,抗日战争胜利后的次年,西迁的浙江大学开始复员回杭州。我仍在母校史地系任教,并兼管《浙江学报》的编辑工作和主持史地系图书室(当时称"东莞室",以纪念东莞人张荫麟师赠送的遗书而命名)事宜。1949年5月3日,杭州解放。秋天,浙江大学紧缩编制,史学组被撤销,我应省立温州中学之聘,于9月间离杭赴温,担任温中历史教员。1952年,浙江师范学院成立(由浙江大学文、理学院与之江大学文、理学院等合并而成),重建历史系,省教育厅先后三次下令调我往该院任教,直到1954年夏方能成行。

1958年,浙江师范学院与新成立的杭州大学合并,定名为杭州大学,我一直在该校执教迄今。初期因政治运动频繁,又屡屡下乡劳动或工作,专业学习颇受影响。"十年动乱"期间,教学、科研几陷停顿。到1977年,邓小平同志出掌文教大权后,始获安定地进行教学和科研的环境。我重返讲坛,先后晋升为教授与硕士生、博士生导师。1997年1月被国家人事部批准为杰出高级专家。

我从事历史教学和研究已有半个多世纪,总的史学思想是务实,不尚空论,因此偏重史事考辨、古籍整理研究,并力求以正确完备的史料和精练流畅的文笔来解答一些众说纷纭、悬而未决的历史问题，继承与发扬张、陈两师对宋史研究的业绩，我所撰的《"杯酒释兵权"说献疑》《再论"杯酒释兵权"》《评宋太祖"先南后北"的统一战略》《朱仙镇之役与岳飞班师考辨》《应该实事求是地评价岳飞的抗金战功》《宋太祖誓约辨析》《浅论宋代政治史的分期问题》《关于李顺之死》《沈括事迹编年》《刘锜事迹编年》《〈宋史·地理志〉补正》《取证族谱必须审慎》等论文，以及专著《王禹偁事迹著作编年》一书，是我的代表作。

我常以诸葛亮的"淡泊明志，宁静致远"名言来教育学生，要大家安于寂寞，做到"板凳甘坐十年冷，文章不写一句空"。我认为做一个合格的史学工作者，最重要的一条，就是必须继承和发扬中国史家刚正不阿、秉笔直书的优良传统，决不能图名利、赶浪头、凑热闹。那些仰人鼻息的文章，或可逞快于一时，但终究为天下人所耻笑，被时代所淘汰，也使自己感到汗颜！

（节选自《仰素集》，杭州大学出版社 1999 年版，题目为编者所加）

中学阶段

陈青莲

陈青莲
1921—2000

苍南县宜山镇上市街人。1948年赴美留学。曾任复旦大学经济管理系教授。译著有《工业企业经济活动分析》《管理百科全书》《工业企业生产管理》等。

    我于1921年4月19日出生于平阳县江南区宜山镇上市街一个工商兼地主的家庭。就我父亲的文化程度而言，只能说是粗识几个文字的商人，母亲是个文盲。由此可见我自幼就无缘得享书香门第的家学熏陶。后来之所以能侥幸继续升学乃至出国深造，一半靠努力，一半是机遇。

    记得我在宜山江南中心小学的读书成绩，充其量只能算中上。在小学毕业前后，家庭中由于生之者寡，食之者众，再加上商业上的经营无方，家道衰落，几乎濒临破产的边缘。所以就那时我家财力来说，是绝对无力培养我去温州读中学的（当时平阳尚无中学，瑞安也只有一所县中）。可我仍然随同同班毕业同学上了温州,报考浙江省立第十中学即现在的温州一中,当时全省只有十一所省立中学,按照杭嘉湖、宁绍台、金衢平、温处十一个专区的次序来命名的。由于省立中学师资力量较好,收费较低,所以报考者众,录取标准也很高。以那时的省立十中为例,秋季招收初中新生一百名,而报考人数近千。考生如果考不取这所省立中学,尽管还可报考较易录取的旧温属六县(永嘉、瑞安、玉环、乐清、平阳、泰顺)联立中学或私立瓯海中学,可这两所学校学费昂贵,贫家子弟哪敢问津。

那时入学考试录取与否,不是像现在那样邮寄通知,而是在学校大门口张榜公布。真是喜不自胜,到了揭榜那天,我的名字竟然出乎意料地高居第二名。而学业成绩比我好的同班同学林谷(他于1937年参加革命,新中国成立后历任福州军区特务团政委、解放军艺术学院副院长和军事博物馆副馆长等职),虽然一而再、再而三地抬起头,瞪着眼在榜上细细地看过来望过去,却始终找不到自己名字的踪影。毕竟还是稚气未脱,经不起挫折的孩子,他在大庭广众之前突然哇的一声哭了起来(他终于在翌年考取省立十中春季班)。

总算侥幸以高居榜眼的优异成绩考取了温州全区唯一的一所省立中学,可要筹措一学期相当于五十元银圆的学膳费仍然是无能为力的,幸亏邻居一位富商温知新先生慨然借给全部学费,我才得以踏进这所省立中学的大门。在此必须一提的是,

宜山小学曾名平阳县立第二高等小学校、平阳县立第四完全小学、平阳县立江南区中心小学等，也是二十世纪四十年代平阳县简易师范学校创办时的校址（上图拍摄于二十世纪八十年代）

翌年国民党省政府教育厅规定：凡各省立中学学生，每学期学业成绩在全班前五名且家境清贫的，经查证核实，可得到每学期五十元的奖学金（相当于中学一学期的全部费用）。这样，我就依靠这项奖学金顺顺当当地完成中学六年的全部学业。

　　写完上面这段求学经历，我想即兴来个现身说法，聊作后学者的参考。我今天深切地体会到，中学阶段特别是高中阶段是奠定一个人一生得失成败的关键时期。无论你将来读的是哪类专业，都要在中学阶段预先广事涉猎，以便打好基础。最好能兼通文理，不要"偏科"。这是我在将走完人生道路之前的切身体验，也是我的肺腑之言。以我自身为例，从表面上来看，我在中学阶段的学业成绩，差不多门门功课都在八十分以上，尤以英语较为突出。即便如今到了衰迈之年，仍然清晰地记住中学英语老师教授的语法和词类变化的一些准则，使我一生受用不尽。但令我深感遗憾的是，没有打好扎实的语文和数学功底。我认为要打好语文基础，必须多看课外读物，要浏览一些主要的文史典籍，如现代作家的名著以及古典文史名著如《红楼梦》《史记》《三国志》《资治通鉴》等。要搞好数学，重要的是知其所以然，也就是对一些数学概念要明确熟稔，才能得心应手，运算自如。在科学技术高度发达、日新月异的今天，很难截然分清哪些领域是纯粹的理科或文科。例如经济学，从前都认为属于文科，可二战中出现的运筹学（管理科学）和计量经济学,就要用到一些高深的数学原理和运算法则。所以到了今天,我才恍然悟到:数学是所有学科的基石,它严密的逻辑推理是现代科技赖以发展的依托。

(节选自《苍南文史资料》第十三辑,
苍南政协文史委 1998 年版)

春暖花开之前

张 禹

张 禹
1922—2011

原名王思翔,苍南县龙港镇(今龙港市)九板桥村人。1955年被错定为"胡风集团分子"。曾任《清明》杂志编辑。著有《台湾二月革命记》《文艺的任务及其他》《从心随笔》等。

我本名王思翔。张禹是我的笔名之一,中年以后才成了正式的名字。另有许多笔名,用得较多的包括:于人、凤兮、王十洲等。

民国十一年(1922)农历闰五月二十七日,我出生在浙江省平阳县江南区九板桥村(在今苍南县宜山区江山乡内)。王家本是当地大族,但早已衰败下来。我父亲王驹(名万骊,字哲臣)小时读过私塾,不曾做事,青年时便吸毒成瘾,把祖业变卖殆尽。我是独子,周岁时随父母迁居小南区塘村(今平阳县鳌江区塘川乡内),以后一直没有迁回故居。五岁时,父亲为生计所迫,到新加坡投亲谋职;几年后音讯断绝,听人说是回乡途中患病，盘缠用尽便流落不归。从此，我和母亲实际上成了孤儿寡妇。好在母亲周氏本是塘村人，得到外祖父一家和乡邻们的一些照应，且又十分勤俭，自重自立，赢得乡邻的敬重，故能母子相依，衣食无虞。母亲是旧式家庭妇女，未上过学，但她对我要求很严，教育我刻苦努力、追求上进，做一个有用的人。

我七岁入塘村初小，四年后转入鳌江小学。毕业后曾投考省立温州师范，因年龄不满十五虚岁未获准参试，转入县城的宣文书院补习一年。1936年暑期考入省立温州中学，为公费生。

当时的温州城，既是浙南地区的经济、文化中心，也是全国性的通商口岸之一。省立温中有较好的设备，而席卷全国的抗日救亡运动又给校园灌注了蓬勃生机——爱国主义激情和自由民主风气。我除了认真学好正规课程外，还在师友的指导诱掖下参加半公开的读书小组和校内外的种种活动，并废寝忘食地阅读现代作家作品和通俗的社会科学书刊。在短短一两年中，我这个来自闭塞山乡的纯朴无知的小孩，已成长为一个充满激情和幻想的少年。我盲目而贪婪地寻求新鲜知识，以至有时整天站在生活书店门市部读一本没钱买的新书，但是不知选择，更不能消化。不过，总算打开了眼界，知道了世界上除帝国主义列强外还有个社会主义国家苏联，听到了中国共产党领导的八路军、新四军英勇抗日并开创民主进步的敌后根据地之消息；

并且在一些先进同学的帮助下（后来知道，这些同学多是同中共地下组织领导的学生运动有联系的），初步掌握了唯物辩证法的基本原理。所有这些，对我一生所走的道路有很大影响。

1939年春新学期开学时，温州中学准备迁往青田山区。我和同学戴维岳、李长和三人计议，决定离开学校，到皖南参加新四军的抗日工作。行前有另一位同学和我们约定，由他设法找中共组织办好介绍信，然后带几个同学赶来徽州（歙县）同我们会合，一同到新四军接待站报到。因为前已有几批同学投奔新四军，都未遇到任何困难，所以我们三人深信不疑。不料我们在徽州汽车站等了半个多月，始终没等到这位同学，也未看到任何其他熟人（后来我在不同时期多方打听这位同学的消息都无结果，故至今不明他何以突然失踪）。驻在岩寺镇的新四军接待站不肯接纳，而国民党便衣人员盯上我们，声言要"帮助"我们回温州上学或另谋出路；另一方面，身上的钱也用完了，生活成了问题。正在走投无路之际，见四处张贴着"第三战区战时工作干部训练团"招生广告，我们三人无暇深究，就报名投考并顺利地被录取。不久，随同数百名学员编成的临时队伍开赴江西吉安，约一个月内随团转移到雩都县境山乡中。我和戴、李三人编在一个中队里，同队的多是来自皖、闽等省和沦陷区的学生和失学青年，还有一些海外归来的华侨子弟。训练以军事（步兵）操练为主，紧张而不严格。几个月后，战干团奉命并入新建立的中央陆军军官学校第三分校。大约到十月，我们这一期学员就作为中央军校第十六期学生毕业了。作为这一年闯荡的结果，我得到的是一张中央军校第三分校第十六期毕业生的文凭——这也是我毕业得到的、除小学文凭以外的唯一的学历证书。

但我终究没有成为一个军官，更从来没有从思想上拥戴过蒋校长。校方派我到赣州参与筹办隶属军事委员会政治部第三厅（厅长为郭沫若）的以出售军事书刊为主的青年书店，书店开张后担任会计工作。经理是个商人，为了赚钱，他通过上海的书商进货，因而书店里就陆续有了许多上海租界里出版的新书，包括一些不能上市的进步书籍。因此，我既有了比较稳定安闲的生活条件，又常能读到一些新书好书,例如恩格斯的《反杜林论》、列宁的《帝国主义论》就是这时读的。经过一番闯荡后，此时我已理解到，抗日救亡不能单靠军队作战，更重要的是用民主和科学来改变社会和国民的落后状态。当时蒋经国在标榜"建设新赣南"，着力整饬吏治和铲除地方恶势力，颇有些开明气象，在他主管的三民主义青年团江西支团部和赣南专员公署的一些机构中，也罗致了不少比较进步开明的工作人员（后来知道，其中有些是中共地下党员，到1941年国民党第一次反共高潮时都被捕送上饶集中营），所以政治空气也较正常、开放。我有一些军校同学在蒋经国手下供职。戴维岳作为战地记者到过赣州，和另一位同学办了一个刊物——《文化服务》。1940年下半年戴离开赣州，就要我接替他编下去。后来又应邀为《江西青年报》每周编一次副刊，主持该报的也是军校同学。到此，我虽然仍留在青年书店当会计，却已在业余当起编辑来，与文化界结下不解之缘。

（节选自《苍南文史资料》第十辑，苍南政协文史委1995年版，题目为编者所加）

小品苍南

杨 奔

杨 奔
1923—2003

原名杨丕衡，苍南县龙港镇（今龙港市）张家堡村人。从教三十余年，曾参与编写《汉语大词典》《苍南县志》。著有《描在青空》《深红的野莓》《霜红居夜话》等，编有《外国小品精选》及续集等。

公婆石

渴望回归自然者不求奇峰怪瀑，一点荒山野水也够了。

藻溪发源于高垟山，南宋时以溪中多水藻得名，犹如附近的荪湖以湖中多荪草得名。当时两地都人文荟萃。但到清代康熙时的《平阳县志》里，荪湖已无荪草，藻溪也已被写作"燥溪"了。由于植被受到破坏，水土不断流失，每逢大雨，便有山洪暴发，雨过后溪中又复干旱，人们就改用这名字。到清代中叶，居民在上游筑了堤坝，疏浚了溪床，溪水由黄浊转为深碧，四季长流，溪底绿藻又复丛生，或长到二三尺，随波荡漾，如罗带临风，婀娜多姿，于是又恢复了藻溪的美名。八十年代中，有大报记者路过这儿，被陶醉得久久不忍离开。大约他从未见过，水藻在水里有如此美法。溪水还是向前流去。

藻溪流经小镇后，转向东北，流向高峇山公婆岩脚。山腰有公婆岩，两峰笔立，相互偎倚，故名。其周匝各约二十五米。公岩外形略瘦削，高约六十四米，内向，有似尚欲上山之状。婆岩稍胖，略矮（其实两岩高度相等，因基座高下不同），面向西南村野，似尚有所回顾。妙处在此峰顶有杂树数棵，宛如老妇簪花。清代本地诗人张綦毋有诗咏之曰："种田不收一年事，娶妇不着一生贫。请看山头石翁姥，兀然相对却如宾。"因闽南语称公婆为"翁姥"，石翁姥即瓯语公婆岩，或称公婆石。

当地还留下传说：有老夫妇过藻溪探女，半路正值大雨。雨后溪水暴涨，漫过碇步。老翁遂脱鞋插腰，背上老伴涉水过渡。临上岸时，被一个行猎晚归的将军以为怪物而误射，夫妇都死于非命，头断而身不倒仆，所以一直依偎到今天。

当地另一个诗人鲍潜也写了绝句，却对这伉俪的形象做了乐观的破译："风雷饱受傍岩阿，历劫沧桑总不磨。笑对南山齐献寿，儿孙罗列远峰多。"

公婆岩后六七米处，有石冈从东北迤逦而至。石色裸露如青铜，层层折叠如屏风，冈顶都丛生草木，蓊蓊郁郁的，直与公婆岩顶相齐。其下却张开深窈的狮子口，口内含有道观，依岩势紧贴建筑，一半是悬楼，一半是石室，构成精巧的回廊亭阁。每当日暮，游人从高处凭栏，眼前就是一片江南平野的典型景色；或夕阳西下，牛羊归来；或四山雾合，暮色苍茫。景物变化无穷，人事更新陈代谢，每条生命都无能例外，又怎能没有感触？然而回顾这一对浑身长满苔藓的公婆岩，却又无话可说了。

炎亭僧

家乡有唐末古刹，叫涌泉禅院。院中有井，那井水很清冽，久旱不涸，久雨也不溢。常在井边入定的老住持昌定（1894—1976），是我小时忘年之交。他是海边炎亭人，原来刨得好烟丝，可是生意清淡；邻家靠诓骗起家的同行却顾客盈门。他觉得人间没有真诚。春节里上舅家拜年，越走越是心灰意冷，把一篮礼品抛在半路，管自出了家。在金山寺受戒后，回大罗山洞窟中坐禅。在洞口一巴掌大土地上种植作物养活自己，过午不食，一年透冬是那件破衲，用番薯藤束腰。人们以反常为灵异，说他是圣僧，连番薯藤都被扯去做草药了。听说涌泉禅院的水好，就应聘来做住持，一住就多年，来膜拜的徒众不绝，连一些乡绅都在精壁上题了许多诗句。

那日善男信女满座，却有无赖排门而入，打着连串的酒嗝，说:"听说你是圣僧,呃,高僧?"

"佛法平等,不分高下。"昌定说,低头指着念珠。

"有个故事请教:有个县官进入尼庵,见尼姑床上躺着个醉汉,赤身裸体,县官大怒:'这不违反清规!'尼姑随口供道:'醉人妻弟尼姑舅,尼姑舅姐醉人妻。'呃,你讲,这两句该怎么解释?"

昌定不答。无赖正要施威,却见莽沙弥喊着闯入通报:"鲍爷到——"

昌定起身跟出,边说"有请",借机甩下了无赖。

无赖遁走后,昌定对沙弥说:"你又打妄语了。"

沙弥道:"师父休见怪,我只能借老爷吓他。"

"也罢。这里缘已尽,留不得了。"

"你哪里去?"我有些凄恻。

"闲云野鹤,原无定所。"

这沙弥气不忿,当晚去村中找那无赖计较,却被打肿了眼。回寺不敢见师父,兀自蹲在楼梯脚生气。昌定却捧着一盂水下楼,嚷着:"救火,救火哪!"

沙弥吃惊回望,那盂水就泼在他身上,师父笑问:"现在,这无名火该熄了吧?"

不久,他走了,我也落入尘网,五十年没有见面。

前几日忽然遇到那沙弥,已经也是老人了。说起解放初期,

昌定晚年修行的海潮寺坐落于炎亭沙滩附近的前屿岛

师父回到家乡炎亭,在小海岛中结草为庐,种瓜菜自给,后来信徒给盖了海潮寺。"临终还向我讲到你,说:如果有一日见到,叫他来看看。我去了,只留下这些树木。"

我感到沉重的内疚,问还留下什么遗物。

"你知道他来去赤条条。只有一回出定,念了两句偈,叫我转告你,道是'无云遮山顶,有月映波心'。"

是的,我要到岛上去一次,看看这些树,这些石头。正是:"存亡惯见浑无泪,乡井难忘尚有心。"

疍家船

北关岛是苍南县诸岛中最大的一个,然而也最荒凉。百来户渔家,少有树木,多的是茅草和剑麻。每棵剑麻中心挺出一米高的花梗,满缀着银铃似的白花。

岛上很静,没有鸡声,也不闻狗吠,却下起潇潇的秋雨。我站在悬崖上看西边的北关岛。这原是闽浙的水道,现在洋面是灰蒙蒙的一片。来往的商船也很寥寥,只有几只带半截篷的小渔船,在狂风暴雨中,在波浪上自在地出没。就在脚下这一只,后艄掌舵的还是个老人,而挺立在船舷上抛网的还是个年轻的妇女,动作十分矫健和敏捷。这情景就像一幅壮丽的黑白画。可是你面对这不分昼夜处于生死边缘上的小船,能不为之

北关岛

寒心吗?

  这就是从闽海来的夫妻船,或称公婆船,我们这里称为"科题船"的一种水上民族,正式称呼应为"疍家"或"疍户"。来源已不可考,只知道唐宋以来就已编入户籍,年年计户纳税,然而竟没有立足之地。北宋诗人苏轼流放到岭南后所写的诗里,便有"舣舟疍户龙冈窟""浦浦移家疍子船""疍酒蘖众毒"等句子。蔡绦(蔡京之子)在《铁围山丛谈》里有更详细的记载:"(合浦)凡采珠必疍人,号曰疍户,丁为疍丁。亦王民尔。特其状怪丑,能辛苦。常业捕鱼,生皆居海艇中。男女活计,未尝舍也。"接叙他们采珠的劳动:他们在大船上以粗绳缚箩筐装石块下海,再以细绳系人腰,闭气入水,循大绳直下海底拾取"珠母"(珍珠蚌)。气迫时摇动绳索,大船上的人便绞起绳索,被带上海面的人就狂呼、昏厥,过后才苏醒。遇上冷天,出水后还要灌以苦酒,以致七孔流血,才能复活。"其苦如此,世且弗知也。"

这所写为合浦珠民的情况,而渔民的劳动也不轻松。他们全家生活在水上,或是小船,或是竹筏;不只是夫妻,还有祖孙三代的。就这样浮家泛宅,随着潮水涨落而来往。不分早晚,也不管风霜雨雪,卖了鱼虾以换取柴米油盐。平时也从不向小市镇拢岸。他们何以要选择如此特殊的生活方式呢?

这个民族先代在闽江沿岸打鱼,长年船上生活,使得腿脚变成畸形;脚趾张开,腿部弯曲,被南迁的中原人士视为贱民,称之为"曲蹄"(科题)。女子中年长者称为"鱼姊",年轻者称为"蚬姨",直与水族相等。而且规定他们不准陆居,上岸不能着鞋,雨天也不能打伞,喜庆不能悬灯结彩,甚至连疍妇的发式也只能作"半片髻"。即或略有积蓄,也只能在荒僻的海滩下打几根木柱,覆上一片破船底,将老幼寄养在那儿,称为"后家"（前家仍在船中），过着两栖生活。苦命的疍妇便只能借"疍歌"（咸水调）抒发自己的忧伤。有的便沦落为娼妓，在小船上操皮肉生涯，被特称为"水上人家"。但多数还是如清初屈大均所说："疍人善没水，每持刀槊与巨鱼斗。妇女皆嗜生鱼，善泅水。当时称为龙户。"

这道不准上陆的禁令，直到清雍正初年才被解除。清末，外国人来福州传教，设立天主教堂，这些政治上无依的疍户便入了教，借以避免无赖的欺压。这时也有人为他们向福建当局请命："准予疍户与良民平等。"但没有成功。直到1991年底，福州市最后一批疍家船民迁居岸上，结束了世代水上浮沉的历史……

那么，我在八十年代末期于北关岛所见的"科题船"竟是疍家生活史上最后的一页了？

（选自《霜红居夜话》，百花文艺出版社1998年版，题目为编者所加）

研习自然疗法之原因

陈绌艺

陈绁艺
1924—2008

原名周义,苍南县钱库镇柘园村人。1946年移居台湾。创立中华自然疗法。创办《革新中医》《大同中医》杂志。著有《柘园医话》《自然疗法与中国医学》《中医病因新论》等。

我姓陈,名绁艺,1924年9月12日出生于浙江苍南柘园地方。原名周义,在温州习中医的时候,业师池苏翁先生,要我改名绁艺,绁音绸,抽丝之意,古书(书名待考):绁绎六艺之父。绁艺与周义谐音,但较为文雅。我就照他老人家的意思改了。不过,这个绁字过于冷僻,很多人叫不出来,也常常写错,变成"岫艺""铀艺""抽艺""绸艺"或"由艺"。我说,就叫"陈医师"好了!

我老家的房子很大,有围墙,光是水池就有三座,有可供饮用的水池和荷花池等。据知是我的曾祖父由于经商得法,薄有资财,那时是在清朝,他还捐资买来一个可以头戴红缨帽的官职（是什么官？我们做小孩子的时候不懂，从没有问过大人）。他先后娶过七位曾祖母，因为每一位娶来不久就死，不断地续弦，所以我家的亲戚就特别多，且有若干是国内颇有名的人。但祖父却在成亲之后不久就过世，祖母守寡到三十岁左右也就死了。祖母家是当地的大财主，陪嫁的嫁妆听说是十八只河泥船；祖母守寡的自律之严，却是里间称叹的。父亲是遗腹子。很聪明能干，但不守家业，后来等于坐吃山空，一穷二白。解放后已进入暮年，但由于我和大哥在台湾的关系，他还要受牢狱之灾和下放之苦。母亲出身名门，外祖父中过举人，清廷保送他去日本早稻田大学留学，回国后，曾在北京当一名七品京官。鼎革后，回乡闭门谢客，不问世事。我爱好国学，多少和他有一点关系，我来台湾的时候（1946年），外祖父母俩都还健在。

我兄弟五人，我是老二，大哥和三、四弟已先后亡故。现只剩下我和五弟。

我在幼年时期患了中耳炎，不幸左耳的耳膜破了，听觉很差。曾先后在宜山、钱库读小学，上课时老师所教的听不到一半，有读等于无读。年少胆怯，又不敢说。虽然侥幸毕业，但是实在无法上进。于是父亲就替我找到一个名叫"宣文书院"的，也是教一般中学的课程，主持人是蔡孟平老师。后来，又跟从三石桥的宿儒何志舒老师专修国文，稍稍打下一点国学基础。

1986年,钱库水乡的婚嫁

我从小就对中医有兴趣,家中藏有不少的中医书,都是木版本的,我推想可能曾祖父还是一位医生。后来父亲就送我到温州池源翰老师(字苏翁)所办的"温州国医国学社"求学。经过若干年之后,抗日胜利,于1946年来台,经人介绍,进入一个国营事业机构工作,一边仍研究中医,与国外名宿,如滞留在香港的陈存仁、谭述渠、张公让、庄兆祥医师等,时有书信来往，订忘年和文字交。1950年，"考试院"举办自大陆迁台后的第一次中医特考，我报名参加，以优等第二名成绩及格，并取得中医师资格。我那时才二十七岁，拜同乡五绝（诗、书、画、医、拳）老人郑曼青先生为师，他说我还年轻，宜继续读书。我听从他的教诲，仍旧去当一名职员拿薪水过活，可以说一生与"钱"无缘。后来，于1960年前后才离职独立开设诊所。

那段时间，中医界争取设立中医院校成功。但外界尤其是西医对中医很不了解，总认为中医不科学，中医不知细菌。报章杂志，不断出现批斗的文章。中医界虽然力求自保，但只有招架之功，毫无反击之力，情势岌岌可危。那时（1954年），恰有一位德国某医科大学的教授，名叫许米特，他又是外科主任，认为手术治疗，既麻烦又危险，常常在想，有没有其他的方法，可以取代呢？后来终于学到流行于欧洲的"同类疗法"——一种只用内服药而不需要开刀的疗法，就把手术刀抛弃而改做"同类疗法"医生，他又知道东方的医药和针灸的优点，特专程到日本学习，归程经过香港，畅论中医尤其是"伤寒论"的伟大！翌年，又在香港中西医师张公让办的《中国新医药》上，读到英国朋占明的"自然医学"的著作，长期连载，把西医骂得极为难堪；而且它和"同类疗法"一样，都反对细菌病源之说。我得之，如获至宝，认为"中医的救星"来了！那时中医处在围剿之中，大家要求郑老师出面，找新闻界帮忙，主持公道,终于获得《自立晚报》负责人李玉阶先生之首肯,读了我写的《中医的不科学和太科学》一文,就把该报的第一版"社论"园地让给我用"专论"刊出,一连几天,分章节刊出,作为回应。刊出之后,大家就注意对方动静,直至知道对方并没有什么大的动作,才放下心来。

可是很多同道在谈这个什么"同类疗法""自然疗法"时,对之兴趣缺缺;有的还看不懂两者与中医究竟有些什么关系。而我认为这两者所说的,百分之一百,合于中医的原理,不过彼此详略不同,互相对勘,启发很大,趣味无穷。所以我始终要求中医应与西方的"同类疗法""自然疗法"结合起来,这就形成我日后所创立的"中华自然疗法"。但是现在回想起来,真正要看懂这两种医学和中医学说的关系,也并不是一件容易的事,因为到了现在,很多同道还是不明白。

(节选自《苍南文史资料》第十三辑,
苍南政协文史委1998年版)

学习历程断片

许威汉

许威汉
1926—2016

苍南县桥墩镇三十七街人。著名语言学家。曾任上海师范大学教授。著有《训诂学导论》《汉语词汇学引论》《汉语学》等十余部,主编《现代语言学系列》等。

1926年1月8日,我出生于浙江省平阳县(现为苍南县)桥墩门镇。童年是在莒溪外婆家度过的,也是在外婆家附近的私塾读书的。外婆家有许多藏书,那是我舅父收藏的。我舅父林济与夏鼐、黄昂、苏渊雷诸先生友善,常有书信往来,舅父的复信底稿抄了一大厚本。舅父大学毕业后在上海、南京等地从事教育工作,很少回家。我每天放学回家几乎都是在舅父书房里读书写字,偶尔也翻阅舅父复信底稿。日子长了,读书写字成为我的爱好,培养了读书写字的兴趣,也粗知外界的人际关系。十岁以后,我回到自己家。住了不久,就去灵溪镇中心小学读书。每周回家一次。从我家到学校,往返六十华里,我都是步行，相应地不断增强了体质，锻炼了意志。每逢寒暑假，我总想多读些书，可是我家是经商的，没有什么藏书，只有一部《随园诗话》和一部《东周列国志》，我粗略读过一遍，增添了一些文史知识。后来从伯父那儿借到《孙子兵法》这部书，我如获至宝，读了一遍又一遍，终于把全书背诵出来。我从灵溪中心小学毕业后，报考温州瓯海中学读书，后来因病休学。1946年夏天，我到上海舅父家，随后以同等学力考上无锡国学专修学校，发榜时我在近五十名录取考生中名列第二。这是我学习生活的新起点，也为往后数十年的工作初步打下基础。

一、受业名师

1946年到上海不久，欣闻无锡国学专修学校自1920年创办以来名师云集，先后有章炳麟（太炎）、钱基博（钱锺书的父亲）、钱穆、顾颉刚以及周谷城、吕思勉、周予同、郭绍虞等四十余位著名学者任教，校长唐文治本人长期执教不辍，不禁十分仰慕和向往。我考取入学后专攻文、史、哲等古文献，十分勤奋，少有闲暇。与同学赏文析疑，纵论古今，常欣然而忘食。当时恩师年已八十余，每周坚持到校上课。我是个好学又好问的学生，课外问学大大超过课堂听课的时间。不时问学，聆听教诲，每每入神。唐校长面谕"熟读深思，顺序渐进"。"熟读深思"以"熟读"为先。唐校长出身晚清进士，位至尚书，退而执掌上海高等实业学堂（即交通大学），创办无锡国学专修学校。师办学"文理兼顾，教学有方"（早期无锡国专学生钱伟长语）。于读文之道，恩师极为重视，学而时习（实践）之，得湘乡曾国藩、桐城吴挚甫（曾国藩弟子、京师大学堂总教习）之真传，集桐城学派读文分阴阳刚柔之理而发其精英。我熟读而思之，业有渐进。今存本师读文灌音片，老来洗耳恭听，益叹为观止（前人长期实践中得之读文一法，世已少传；今偶有自创诗词吟咏，随人而异，似非学门正轨）。

另有平阳举人杨悌工书法，善用纯鸡毫（非鸡毛）笔写字。鸡毫细柔至极，不得其法，一接触纸，笔端即成钩形，无法运笔，或墨迹一团，更谈不上运笔。时杨举人（做过县太爷）年六十有余，我年甫十余，经常观赏作书，心甚爱慕下笔遒劲有力之工（最柔软之笔毫写出极刚健遒劲之字体）。杨举人不吝指教如何着墨用笔，指导实践，并赠送纯鸡毫笔一支。经勤学苦练，自感渐入佳境，乡人索书不已，也试书以赠。解放后，工作学习繁忙，书法练习搁置一边。无奈"文革"期间鸡毫笔丢失，无从购置，屡以为憾。2003年冬季，同行知已曾函索"墨宝"（如此称述，愧不敢当），我不用鸡毫笔试写几次，都不成法，只好作罢。记得以往问过书法家翁闿运、王蘧常关于鸡毫笔的情况，二老说鸡毫笔作书之法唐代以后一般已经失传，杨举人作书，盖系仅有之祖传。依此，我专程去上海七宝古镇（北宋遗址）查问笔庄有无鸡毫笔卖，也无结果，看来鸡毫笔工艺也因鸡毫笔书法失传而绝迹。此亦书法文化失传一大憾事。想到这些，不禁想到教我的杨悌先生，不尽依依。

二、报考军大

我从小就有事业心，希望长大成人，有所作为。十岁那年，时值重阳，随父老登高览胜，曾写有五绝抒怀：

  重阳胜地游，九野最精幽。

  登极崎岖岭，高瞻万顷秋。

诸父老竞相以十龄童不辞艰辛攀高、寓高瞻远瞩之怀而慨然赞叹。但后来历经日军侵华，统治者盘剥、压迫之害，时感报国无门。抗战胜利后到达上海就学，既盼学好谋生本领，个人赖以自立，也图为报效国家准备条件。可是当时的大上海被称为"冒险家的乐园"，一面是财富的金字塔，一面是罪恶的深渊，同流合污，自非所愿，时感国事人事两茫茫，不禁写了不少感时诗篇。诗篇已散失，今仅记得一首：

  年来浪迹走天涯，两上归舟未到家。

  极目故园何处是，春风秋雨又飞花。

个人的处境和心态于此亦略可窥见。

1949年5月27日上海解放了，出路来了，同学们再也没有"毕业即失业"的后顾之忧，纷纷踏上革命征途：有的参加南下工作团，有的参加革命大学学习，我也在这年8月报考华东军政大学（陈毅任校长）。华东军政大学前几批的学员不论学历，入学后即随军南下。最后一批规定大专毕业或大学三年级肄业的学历才能报考，以准备留学苏联，我是属于这最后一批的学员。在这个时期，我学到新知识，懂得许多革命道理，思想由封闭转向开放，生活也有如由沙漠进入清流之境。从上海解放到参加军政大学学习，前后时间虽然仅有两个多月，而我前进的方向和目标却在这段短时期里确定下来了，为我后来的生活、学习与工作奠定了坚实可靠的基础，意义十分重大。

（节选自《许威汉语文研究文存》，
中华书局2008年版）

"月是故乡明"

伍隼

伍 隼
1926

原名夏钦瀚,苍南县金乡镇狮山村人。曾任浙江日报社文艺组副刊编辑和副主编、浙江人民出版社副总编辑、浙江文艺出版社党委书记兼总编辑。著有《鲐背集》,点校有《红楼梦》。

我已经好久好久未回故乡了。温州的山山水水是美的。我记得雁山云影,瓯海潮涔;记得江心孤屿上那座正气磅礴的文信国公祠和王十朋撰写的那副多少有点捉弄人的古怪对联;也记得籀园的万卷藏书和籀园周围秋天的月色。——杜工部不是有过"月是故乡明"的名句吗?说月亮也是故乡的圆,这当然是艺术的夸张;但作为一个浪迹天涯的诗人的内心独白来看,它却又是真实的。

这些年来也许因为忙,也许因为多病,我似乎很少有故土之思。如果说我对故乡有什么依恋,那不是由于这里的美景良辰,春花秋月,而是由于故乡的奶汁曾经哺育了我。我在这里逐渐懂得爱，懂得憎，懂得做人的道理，终于选定了一条正直的中国人应该走的道路。

　　我的学生生活是并不美丽的。我出生在一个小手工业者的家庭里，除了父亲的一具铁砧和风炉之外，可以说家无长物。一户债台高筑的人家，偏偏有子弟要进"洋学堂"，偏偏这所"洋学堂"又是离家百里之遥的温州的最高学府，学生注册入学之后，就得穿一式的校服，一式的皮鞋，冬天还得有一式的"司威脱"和一式的呢大衣……我们在学校里学声光化电，学子曰诗云，学骑马，学射击，我们竖起画架用炭条画石膏像，也对着五线谱在钢琴前面引吭高歌。在别人眼里，我们这些"天之骄子"是值得艳羡的；但对父亲来说，我在"洋学堂"里的每一笔必不可少的花销无疑都是加在他身上的新的重轭。大年夜，当大户人家红烛高烧的时候，父亲却不得不赔着哭也似的笑脸，应付登门索债的绅士先生，母亲则背着我发出一声沉重的叹息。苦难是可以催人早熟的。我开始思索起一些像我那样年龄的人原来可以不必思索的问题来。我的小姑母是因为儿子被国民党抓壮丁后饔飧不继，在井边了结了她悲惨的一生的，临终时撇下了她的瘫痪的丈夫；我的心爱的小弟弟出麻疹，情况很不好，仅仅因为无力送他到外地求医，一家人只好眼看他高热不退，呼吸艰难，病情一步步恶化，终于被死神攫走了幼小的生命。我噙着泪和父亲一起在祠堂后面为小弟弟觅求一块可怜的葬身之地，一抔黄土，一张仅仅可以遮身的草席，这就是这个活泼泼的小生灵在天地间能够找到的最后归宿……

为什么？为什么我和与我同命运的人日子过得这样困苦，这样艰难，而同在人间，那一小撮寄生虫和吸血鬼却自有一片"净土"，一个快乐的王国呢？

我的疑问暂时是无法得到答案的。

但我睁大眼睛在寻求解答。

后来视野从家庭扩大到社会，疑问就更多了。七七卢沟桥事变发生后不久，温州曾经是一个点燃着青春火把的城市。但是，渐渐地，街头彼落此起的《义勇军进行曲》之类的歌声沉寂下去了，我们再也见不到一支支流动的宣传队和他们演出的激动人心的活报剧。当年府前街那家挤满人头的生活书店关了门，一度公开出现过的毛泽东的著作又从橱窗里消失。原来因为见到民族命运有了转机一度神采飞扬的人，心情又开始沉重起来。而那些曾经在我们学校的讲台上唾沫四溅地高呼"礼义廉耻"和"精诚团结"的人，开始撕下了伪装——他们原来是销金窟里无恶不作的流氓，同时又是以屠杀爱国志士为职业的双手沾满鲜血的刽子手。

为什么？为什么一边是严肃的工作，一边是荒淫与无耻？为什么爱国有罪，救亡有罪，而那些践踏民主、残杀无辜的屠夫却志得意满，"君临天下"呢？

我的疑问暂时是无法得到答案的。

但我睁大眼睛在寻求解答。

应该感谢鲁迅先生。我首先从他的战斗的杂感里得到光和热，知道天地间有阶级，有吃人的人和被吃的人。我读着他的《为了忘却的记念》，知道革命的先行者曾经怎样战斗，流血，我淌下了眼泪。以后，我在家乡结识了一个从延安归来养病的抗大学生，他仿佛看出我在心底隐藏着许多问号，他从他那灌满风沙的行箧里秘密地递给我一本本战斗的马克思主义哲学和经济学的书籍。我不可能一下子读懂这些书籍，但我贪婪地读了起来。如同高尔基说的："我扑在书籍上，像饥饿的人扑在面包上一样。"这些书对我具有一种神奇的吸引力。我从这些书籍里初步懂得了从批判的武器到武器的批判的道理。我开始有了信仰。我悄悄地在心底张开共产主义的大旗。

我开始学着写文章。我选定了自己应该走的道路。

我的第一篇散文是经过诗人莫洛之手，发表在他主编的报纸副刊上的，题名叫作"第一夜"。写这篇东西离现在正好四十年了。那时我是一名正在温州中学读书的学生。

我在《第一夜》里写到自己是一个寂寞的旅者。我歇脚在W城（指温州城）一家寒碜的旅店里，祈求有一个璀璨的好梦。

但梦境一点也不美丽。

我梦见自己浑身战栗地行进在旷野之上。荒冢下的白骨闪

民国十八年（1929），金乡西水门

着冷峻的光，山头似乎有紫靛色的鬼火。

……

我听到凄厉的哭声。

荒冢上陡地出现许多残缺的尸体，有的没有头颅，有的失去臂膀，有的没有心肝，有的遍体鳞伤……

他们一看到我，眼珠突然发亮，双手渐渐挥动，嘴唇里也渐渐发出声音来了：

"你这耗子般怯弱的东西,站住!告诉你,我也是爱好文学的青年。为了新社会的难产,我曾以发丝编成毛笔,以血作为墨汁,每天不中止地歌唱呕血的诗篇;然而魔鬼要世界无声,于是他将我沉入无底的深渊,我就活活地死去……"

"老子枪毙的时候你来看,看了却不放一个鸟屁!"

"他妈的,我不过欠王家三十块钱,他们就诬我赖债不还,在公堂上活活把我打死!"

……

这篇文章最后是以"夜色是浓重的,然而我不该再睡,我要用一双发烧的眼,伫企鲜丽的黎明"这样的语句结束的。明眼的读者会知道,这里的"黎明",指的正是许多仁人志士梦寐求之的新中国的曙光。

《第一夜》这篇散文当然是很幼稚的。但从这里多少可以看出,当年我怎样怀着一颗年轻人的善良的心,在诅咒恶的,歌颂善的,希望在苦难的人间看到"亮色"。

新中国成立前,在"百年魔怪舞翩跹"的黑暗岁月里,写作之路是并不平坦的,没有人向你献花,当然也不会有什么奖金。我记得在我开始写杂文后不多久,有一回,因为文章涉及哲学上的一元多元问题,触犯了禁令,国民党××集团军特别党部有人写了信来,说是要和我"讨论"哲学问题。这无疑是给我警告,要我放规矩些。又有一回,因为一篇杂感触痛了国民党新闻检查官的神经，官方在追查我的地址。好心的编者写了信来，告诉我原来用的笔名不能再用了，今后应该特别注意写文章的"技巧"。……从此我学得聪明了些。我渐渐懂得应该怎样利用矛盾，运用曲笔，在敌人鼻子底下巧妙地与敌人周旋。

我要求自己努力当好文化战线上的一名小兵。

离开故乡近四十年了。近四十年来，我和亿万人民一起度过中国历史上最黑暗的岁月，也亲眼看到大上海的解放和祖国的新生。我在新闻出版战线上默默地工作着，常常为一则新闻、一部书稿度过不眠之夜。当然，从事我们这一行工作，不免要忙一点，累一点；但对一个革命者来说，忙和累原是题中应有之义。每当工作中遇到困难的时候，或者个人在前进的航道上碰到礁石的时候，我常常会想起在故乡读过的鲁迅的书和一切革命的书，想起书里讲的革命的道理。革命先哲的教益永远催我奋发，促我前进。

我应该工作得更好些。

1983 年 7 月

（选自《鲐背集》，浙江文艺出版社 2016 年版）

自报家门

杨世钺

杨世钺
1927

苍南县龙港镇（今龙港市）张家堡村人。在山东农业大学长期从事生物化学教学工作。曾参加编写全国农业院校统编教材《动物生物化学》。

  1927年阴历七月初二，我出生于苍南县宜山区张家堡村。父亲杨峨甫，曾留学日本早稻田大学经济系，归国后未从事政治经济工作，长期从事教育事业，先后在联中（永乐瑞平泰五县联立中学）、温中、平中、温师、平师等校担任文史教员。祖父杨悌，曾留学日本，读政治系，归国后，曾任萧山县法院院长等职，是个书法家。外祖父刘绍宽，是教育家、诗人，著有《厚庄诗文钞》等。我兄弟姐妹十人，我是第五。

  据我母亲说，我小时很聪明，是父母及祖父最宠爱的掌上明珠，他们经常给我吃各种好吃的糕点及零食，结果把肠胃吃坏了，得了一场大病。自此以后，身体非常虚弱，吃饭胃口很差，饭吃很少，骨瘦如柴。在夏天，当我赤膊出去玩时，人家见我这样瘦，都议论着这个孩子能不能养大，有人说，正如红颜多薄命一样，聪明的孩子多夭折。有的人见我这样瘦，头颈这样细，头却很大，开玩笑地问我："阿钺，您感到头重吗？"我摇摇头说："不重！"他赶紧说："你别摇头啊！你头这么大，头颈这么细，会把头颈摇断的。"

我四周岁半上学，初小在张家堡的关西小学念书。由于体弱多病，经常因病缺课。成绩在班内是中等。1933年冬，意外的灾难落在我身上，我被疯狗咬了。这在我虚弱的身体上又是雪上加霜。父母急得心如火焚，采取了一切可能的最快措施，从上海买到了抗狂犬病血清，及时注射，总算幸免于死。但此后我身体就更加虚弱了，经常是三天两头病，正常的学习也坚持不下了，一年级和二年级各读了两年。

1937年春，我到瑞安三姨母（刘勉）家在瑞安西南小学上学。三姨母很爱我，但不像父亲及祖父那样经常给我吃零食，而是三顿饭都把最好的菜省下给我吃，她自己则生活很简朴，很节省，她是我心中很尊敬的慈母。由于在三姨母的关怀与抚养下，起居、饮食、生活有规律，我身体健康状况逐渐好转，身体好转了，学习成绩很快上去，在班上名列前茅。在四年级时，瑞安县举行全县小学常识科竞赛，每个小学推三名选手参赛，我是西南小学选手之一，结果考得全县第一名。

1938年秋，我到江南中心小学上高小，五年级是走读，早上从张家堡去宜山上学（约五华里），下午回家，一天来回走十里，一年走下来，身体更加好了，在五六年级的四个学期里，每学期结束放榜公布成绩名次时，我都是甲等第一。

1940年秋，我考入瑞安中学初中部，入学考试成绩在榜上名次是正取第二名。在初中上学时，是抗日战争时期，敌机常来空袭，耽误许多学习时间，每个学期结束时，几乎所有课程都没教完。

1941年4月19日，这是我生平最难忘的日子。当时我还是个不满十四周岁的孩子。这天凌晨一点，日军在瑞安登陆，炮声机枪声把我们从梦中惊醒，同学们大都赶快逃命。我平时的钱都存在学校事务处，此时事务处老师又不在校，我逃出时身无分文。我要逃回家必须向南渡飞云江，但江中有日军军舰，这条路已被切断。只好跟着老乡向北、向西逃。涉过了两条河，虽河水只有到腰那么深，但我不会游泳，从来没下过水，在齐腰深的水中走，身体漂动不稳，差点翻倒，我吓坏了，大喊救命，总算老乡帮忙，拉着我手过去。过了河，又爬山，翻过一座又一座，也记不清翻过了多少座山。我从来没走过这么多的路，更没有爬过这么多的山，腿酸痛得要命，累得全身骨头像散了架似的。脚下走得磨出了许多水泡，水泡又变成血泡，血泡又破了，每走一步都痛得钻心。为了逃命，只得咬紧牙关，一步一步艰难地走着。我身上没带一分钱，肚子饿得要命，只好向老乡讨些吃的。可是老乡也是逃难出来的，带的粮食很少，他很可怜我，自己硬省下一些，给我一小把番薯丝。我吃后不久又饿了，只好忍着饥饿走着，我刚从学校逃出时，许多江南区的同学都在一起走，以便共同回家，但经过长途跋涉翻山越岭，我累得实在走不动了，走几步就得休息一下，而其他同学的体力都比我好，都往前走，只剩下我一个人跟着后边来的人流艰难地走着。傍晚了，我跟着几个老乡走到一个远离敌军的山沟里。从凌晨一点到此时，我足足走了十六七个小时，全身疲劳酸痛极了，肚子饿得要命，我看到老乡一家老小在煮番薯丝，就前去讨些吃的，他们很可怜我，同意煮熟后给我点，我眼巴巴地等着，肚子叽里咕噜地响着，心里想着快煮熟吧！同时也在想着这里虽是远离敌军的安全地方，但下一步怎么办？天黑了，住在哪里？据说夜里这山上还有狼等野兽，心里就更加害怕，身无分文，吃饭怎么办？此山沟也不知是什么地方，我的家在何方？如何回去？何时才能回到家？一连串问题涌到我心上，怎么办？怎么办？我实在走投无路焦急万分！此时，忽然听到有人叫我，我回头一看，是个同乡同学。我高兴极了，也顾不得等番薯丝吃，就与该同学走到一起。他说，听老乡说，附近还有几个逃难的学生，我俩就去找，结果找到了，有四个同学，其中一个同学据说家离此山沟有六七十里地，但我们都不认得路,天也黑了,怎么办?此时,恰巧逃难的人群中有一人对此处地理很熟悉,我们就跟着他走,一直走到半夜十二点多才到同学家。我们几个同学在他家饱饱地吃了一顿,一上床就呼呼地睡着了,第二天早上,他父母给我们同学每人带一些食物,指点每个同学各从哪条路走,我们就拜别了该同学慈祥的父母,各自回家了。

在初中上学阶段,我身体比以前好多了,学习成绩在班上是很突出的。中、英、算、理、化成绩都是全班第一,特别是数学和物理更好,有好几次月考,题目较难,全班同学大多数不及格,老师就给每个同学加二十分。而我考一百分,就存老师那边二十分。物理上课时,我聚精会神地听,都能听懂,而许多同学没听懂。晚自习时,经常有一大群同学围着我,叫我讲物理。在代数学到杨辉三角形法时,我还利用杨辉三角形法推导出$(a+b)^n$展开的公式,后来到高中学到$(a+b)^n$展开时,老师说此公式是某某科学家(可能是牛顿,记不准了)推导的,它在自然科学中有广泛的应用。我推导的方法与他的不同,由于以后我也不从事数学专业,所以我的推导法一直没有公开发表。

(节选自《苍南文史资料》第十一辑,
苍南政协文史委1996年版,题目为编者所加)

我的自学道路

侯百朋

侯百朋
1928

苍南县金乡镇狮山村人。曾任温州师范学院中文系副主任、副教授。著有《高则诚和〈琵琶记〉》《高则诚南戏考论集》《温州文化史论札》,编有《琵琶记资料汇编》《温州故实杂录》等。

    幼时家贫,在家乡勉强念完小学;之后,家人为我找了个店铺,叫我去当学徒。我渴望继续读书,哭着向父母哀求:让我报考一次,只考一次。父母心中也很矛盾:很想让我继续念书,又担心负担不了学习费用。祖父母也帮我要求,最后总算同意了。当时,师范学校不必交学费,且又免费供应膳食。我报考温州师范学校简师部(相当于现在的初师),幸而被录取了。

    念小学时,我很用功。每天早晨,鸡二啼时,祖母就叫醒我,起床后,祖孙二人,凭着一盏菜油灯——用一个灯盏,放着几根灯芯草,倒进菜油或者青油点着。灯光如豆,我在读书,祖母代人纺棉纱，一直到天亮；晚上也是如此。这样，除完成课业外，还看了不少课外书。记得在三年级时，就开始看旧小说了，第一本是《薛仁贵征东》，自此后，一发不可收，四年级时看完《水浒传》，五年级时看完《西游记》《三国演义》等。进温师后，学校藏书较多，我的阅览范围也扩大了，现代文学、外国文学都看。当时，日本帝国主义侵略中国，学校搬到泰顺莒江，生活条件十分艰苦。晚自修教室借用寺庙大殿，一盏菜油灯，四个同学围坐在饭桌周围。大殿空荡荡的，可以一直看到夜空。泰顺冬天奇冷，西北风从山顶滚下来，穿过大殿，灯光摇曳，寒气侵入肌肤，我们打着哆嗦，学习到深夜。

读了四年，毕业了，在家乡小学找到一个教书的位置，每个月六十斤大米，分担着家庭生活的担子。我一共才读了十年书，可我明白，此后再不能上学校念书了，我决心走自学的道路。

我自己买不起书，向人家借，借到什么看什么，又杂又乱，政治的、经济的、哲学的、文学的，什么都看。有两本书对我影响很大：一本是艾思奇的《大众哲学》，初步接触到了辩证唯物论；一本是高尔基的《母亲》，使我感受到革命的气息。读这两本书，我写了十多本笔记。它激发我去学习社会科学，追求真理。1947年，我加入了中国共产党。入党后，读了许多油印刊本。我明白，应当为党为人民努力地工作，因而学习比过去更加勤奋了。以上这是我自学的第一阶段：广泛地多方面地学习，为以后进一步学习打下基础。

解放初，组织上调我到中学任教，虽然说在教学上还能将就对付过去，但我知道，一个简师毕业生担任中学功课，是难以胜任的：解决的唯一办法是继续不断学习。过去"打散枪"式的学习方式已是不行了，应当要有系统地学习。我教的是语文，从教课出发，应系统地掌握大学中文专业知识。我给自己制订了六至八年的学习计划，现代文学、古代文学、文学概论、现代汉语、古代汉语等一门一门地学，写作课结合实践来练习。这段时期，报刊约稿较多，替报刊写稿的同时，学习写作理论，工作虽然紧，就挤时间，利用时间学习，早上早点起床，晚上迟点睡，这样，每天可以多学两个小时；星期六晚上，星期天一天，不看电影，不出去玩，又挤出了一点时间。开会前的十多分钟，也可以抓住时机看点东西。中文需要记忆、背诵的东西多，我反复熟读，一一地默记下来。在大学中文专业老师的帮助下，我自学完大学中文系的课程。这是我自学的第二阶段：系统地学习。

五十年代末，组织上又调我到大学任教。我强烈地感觉到，要教好大学的专业课，不仅要全面地掌握这门课程的有关知识，而且要深入下去，有所突破，有所创新。我选定了中国古代小说和戏曲作为我的主攻方向，凡是这方面的材料，我设法尽量找来阅读并做了不少卡片。"文化大革命"开始,我被当作"资产阶级反动学术权威"关进了"牛棚",被抄了家,我用多年节省下来的钱购置的书籍都被抄。其中更叫人痛心的,是我平日抄摘起来的卡片,都一起遭了"难"。"牛棚"出来,我已一无所有。我不甘心就此罢休。白天不准看书写字,晚上,人静了,在灯下,我回忆过去的资料,记得起的,写下来;不完全记得的,记下资料来源。晚上写好后,白天又得藏起来。粉碎"四人帮"后,大学恢复招生,我的工作更忙了:担负着中文系的行政工作,又得教课。当时教师奇缺,好多门功课没人教。我教了现代文学,又教古代文学,还教中学语文教学法。光是备课,花去不少精力。可我想,还得努力,要把"文化大革命"中被耽误的时间补回来。我也发觉,我过去钻研的范围还嫌大,应该缩小,以便深入。我选择了温州古代作家作品作为研究课题,利用星期天和寒暑假到温州市图书馆查找资料。图书馆古籍部条件差,阅览室约十平方米大,东窗西窗,太阳直晒。差不多每个星期天,我都来这里,一坐下来,几个小时不知不觉地过去了。我查找到不少资料,有的是前人没有发现的。根据这些,我陆陆续续地写了专论发表。近十多年来,共出版了专著四本,约九十万字;发表专论几十篇,约三十万字,比前三十年发表文章字数的总和还多。这是我自学的第三阶段:深入钻研。

广泛阅读—系统学习—深入钻研:我的自学走过了这样的

道路。

"路漫漫其修远兮，吾将上下而求索。"这是我的追求。

"锲而不舍，金石可镂。"是我自学的座右铭。

离休以后，我仍在读书和工作。前几年，完成了《中国戏曲志》《元曲鉴赏辞典》《中国志怪小说鉴赏辞典》的写作任务；参加编辑《中国民间文学三集·温州卷》，和他人一起编了《温州歌谣》。近几年，参加《温州市志》《温州词典》的编写工作。有人问我："离休了，该享清福了，还读书、写作干什么？"我笑笑说："积习难改哪！"看来，只要身体条件许可，我还要在这条路上走下去。

（选自《成才之路》，
上海社会科学院出版社 1994 年版）

苍南乡思

谢 云

谢 云
1929

字盛培,号裳翁,苍南县龙港镇(今龙港市)三大庙村人。著名书法家、出版家。中国书法家协会顾问。创办线装书局。著有《灯前余墨》《笔潮斋诗稿》《谢云鸟虫篆书法艺术》等二十余部。

乡思有寄,梦魂里归。扁舟一棹,家在江南。三大庙居,水乡村落。舟楫悠游,山水佳音。鲸头古庙,心香袅绕。流石独峰,俯仰乾坤。莒溪灵境,渊澄取映。蒲门城墙,风云无毁。矾都水净,冰清玉洁。玉苍奇石,残山剩水。桥墩古镇,茶香四方。风帆霞关,碧海无波。炎亭海错,千艐到此。阅尽人间,凤岭登高。寇扰大渔,御敌国门。碗窑访古,依稀柱石。矴埠山静,古屋瞻胜。纵横阡陌,贞坊千秋。香林妙寺,水绕禅门。白石古桥,踏归旧路。河上渔鼓,喜听乡曲。竹怜春雨,春笋好吃。芥菜晒干,阶前香漫。油菜花开,天地含芳。门前绿水,父老笑容。秋村画图,波翻金穗。机声唧唧,宜山遗响。水驿

2018年修建的谢云旧居

棹渡，龙港筑城。金乡钱库，万象呈祥。灵溪新景，天开画境。入祠问祖，谢家宝树。花开三月，清明拜坟。祖传闽音，没齿不忘。父写春联，半耕半读。父栽桑园，桑枣红挂。墨洒铁砚，父亲教笔。当窗无尘，家之后园。清潭三尺，我家水缸。篱上瓜熟，至味淡泊。闻鸡起舞，父传子学。叔婶身教，与世无争。母亲归去，遗我六岁。报母无日，静坐垂泪。婶母百岁，辛苦持家。路栽桃李，宜山校园。笔架山前，起伏连卷。故园种果，文旦犹存？芳草田径，人生穷达。旧游何处，两椽茅屋。春风化育，乡土恩情。

（原载《苍南时报》1999年4月30日；选自《灯前余墨》，中国文联出版公司2000年版）

水彩画之路

华纫秋

华纫秋
1929—2004

原名华业牒,苍南县沿浦镇二十亩村人。著名水彩画家。曾任武汉城建学院、武汉工业大学教授。1989年在中国美术馆举办"华纫秋水彩画展"。2014年整理出版《华纫秋作品集》。

1929年,我出生于今苍南县马站平原一个小镇沿浦。马站平原三面环山,一面朝海,周围不到五十平方公里,沿浦就坐落在这个小平原的临海一端,一条横穿这块平原的唯一河流穿过小镇流向大海。自小镇沿小河出海,据老船家说有九十九道湾。但从水面上可见到的也只有那么十来道而已。也就因为这些湾湾,湾出了一片滩涂来。这些泥涂旅游者可能不感兴趣,对儿时的我来说却是一片乐土。它盛产各种贝类、蟹类等,味美无比,有些还名不见经传。至于那山,虽非名山,可在当时我看来,没有比它再美妙的了。我外婆家就在山麓,我常到外婆家旁边的小溪玩耍。紧靠山脚,还有一座保存完好的古城——蒲壮所城。我们老家的人都简称其为蒲城。这是明代御倭时留下的。我小学时代就是在这所蒲城小学度过的。青年时我也曾在这座小学教过一年书。我二姑妈就住城里,小时候我家也曾在这里住过一两年。这块小平原气候宜人,很多果树,在邻县生长不了,这里却长得很好。四季柚就是这里的特产,闻名遐迩。也就是这片土地哺育我成人。

从小我就喜爱美术,画画与写字几乎是同步的,同时还热衷于体育活动,田径,球类,样样都要参加。我几乎徘徊在动与静的两极。我的文学爱好,应该说是得益于乡梓前辈文人金函先生与张鹏翼先生。记得小学毕业后父亲希望我能考上中学,让我与几个同窗学友跟金函先生补习,其实这只是一场误会。跟金先生补习的内容全部是古典文学。金先生让我们涉足古典文学各个方面,赏析历代名家的代表作品,真是受益匪浅。但对升学考试来说关系却不大。事有其巧,当我进入初中后,紧接着又得到初中语文教师张鹏翼先生的关怀指导,前后构成那么自然的延续,使我奠定了一个较好的文学基础,促进我对古典文学的爱好,对我以后的美术创作,起了不可估量的作用。

少年时期,我对美术的爱好和追求并无师承,都是来自民间艺术和京剧艺术,以及大自然的美。我爱京剧的脸谱、服装的夸张手法和装饰趣味,我爱大自然那千变万化而又毫无雕饰的美。

沿浦湾

我真正开始步入艺术殿堂是1947年。当时我徘徊于文学、美术和体育之间，但我终于选择了美术，于是年9月进入苏州美专国画系学习。从此画笔就伴随着我的一生。这时的苏州基本上还保留着质朴、宁静的古城风貌，马车是市内主要的交通工具；去虎丘大都是骑马的。在我的印象里，园林、水街、粉墙、灰瓦、石板路是那么和谐。随着政治风云打破了这座古城的宁静，"学运"波及苏州美专，我由于主办了进步墙报《暗》被退学，从此便结束了苏州的学习生活。在苏州只待了短短一年多。1950年，我又考进杭州艺专。这时的杭州与苏州相比，相似而不相同，但都是在朴素中见妩媚，平淡中见秀丽，都有悠久的历史，以及数不清的人文内涵，只是杭州更具自然气息。记得当时的苏堤还野趣盎然，是一条未经修饰的堤，与白堤相比我更爱苏堤。七十年代后期我在上海参加教材编写会议后，特地到阔别二十多年的杭州，重游了苏堤，昔日的景象历历在目，不知为何，我感到特别亲切，几乎情不自禁写了几句不成诗的诗，现录其中两联：

风戏堤边柳，雨敲桥下波。

花迎远客笑，莺对故人歌。

另一首就是我重游孤山时写的，当时杭州艺专校址面对西湖，背靠孤山，同学们课余常在孤山游玩，而今却孤身一人游孤山，感慨之余写了一首诗：

二十世纪八十年代，华纫秋带领学生免费为玉苍山和玉龙湖做景区规划

  西子娉婷影，孤山花月痕。
  问花春几度，对景思故人。

  青年时我喜欢诗词，偶尔也写写诗，多数是自遣。不知从何时开始也不知为什么不写了，总之是很久很久了，这次到杭州竟然勾起诗兴写了几首，尽管意境不佳，但感情却是真挚的。

苏、杭两地是我开始走上学习美术之路的地方,我不敢说这两地对我以后的水彩画有什么直接的联系,但可以肯定那像水彩一样轻快明媚、富于诗意的自然风光,对我以后的审美情趣,打下了一个深深烙印。现在一些造诣很深的水彩画家,有的就出身于西子湖畔。

从苏州到北京,使我接触到两种完全不同艺术模式的环境形态。在北京,明清建筑,千年古树,比比皆是,都是那么古老、博大、厚重、苍劲,有着无法回避的力度感,我对京都风貌的热爱几乎类似对图腾的崇拜。这时我开始对江南秀丽的山山水水有些不满足。初到苏杭,恰似邂逅少女,再进京都,犹如得交豪客。我多么希望在秀丽中见苍劲,在轻快中有厚重,二者得兼。当然既得佳侣又逢豪客,世间难得。在生活上我未能如愿,但在艺术上我却苦苦追求,欲罢不能,京、苏、杭是我艺术生涯的诞生地,是我真正的第二故乡,她的一草一木,都无时无刻不孕育着我的艺术生命。

1947年开始,我先后就读于苏州美专、杭州艺专、中央美院这当代三个有影响的美术学府,使我有机会亲聆如颜文梁、黄宾虹、关良、张汀、张光宇、古元、吴作人、徐悲鸿等一代宗师的教诲,有机会经常拜读南北各个流派名家代表作。这为我后来的艺术成就奠定了良好的基础。

1954年自中央美院毕业后,先后在建筑工业出版社、建筑工人报社从事美术编辑工作。1961年调至武汉城建学院。从此我走上了教师的讲坛，从美编到教师，工作方式有了很大改变。前者是以运用知识与技术为主，在运用中提高；后者是以研究提高为主，在提高中运用。要教好学生，首先要提高自己，为此我必须不分日夜抽出大量时间研究教学，提高技巧。为了适应建筑教学的需要，我还必须研究建筑学本身，对建筑学的了解过程，也就是对建筑学兴趣增长的过程，这就是后来致力环境艺术研究的原因。从1961年到建筑院校从事教学工作以来，我没有离开教师岗位，从此水彩画创作与环境艺术研究也就成为我毕生从事的事业了。与我的创作研究活动不可分割的，就是深入生活，积累素材。在条件允许的情况下，我尽量争取到名山大川、城市乡村考察。祖国的山川，陶冶了我的情操，也为我提供了创作素材，我爱祖国的山山水水，更爱那些朴实无华、不加修饰的山野、田园。如果说我在艺术上取得一点点成就的话，那应归功于我的老师、同学以及哺育我的这块土地。

（节选自《苍南文史资料》第十辑，苍南政协文史委1995年版，题目为编者所加）

家庭与学校

卢声亮

卢声亮
1929—2016

苍南县金乡镇灵峰村人。1947年参加浙南游击根据地工作。曾任苍南县委书记、温州市市长、温州市人大常委会主任等。著有《风雨人生 无愧于民》。

一、出生在农村一个由农转商的家庭

1929年8月20日,我出生在浙江省平阳(现苍南)县江南区灵峰乡灵峰村一个正由农转商的家庭,父亲名卢加惕,本地人;母亲名章德惠,钱库人。

灵峰村地处沿海平原,是明朝抗倭名镇金乡镇北门外的一个村,是乡公所所在地。1951年土改时全村有一百一十七户人家,五百二十五人,耕地六百六十四亩,其中小地主三户,小土地出租者一户。中农五十九户,贫农四十九户,雇农五户。有董、陈、卢三个姓氏,卢姓有十多户,集中住在村北面的卢家、灵峰周两个自然村。这里的农民除种田外,农闲亦做些小生意,以卢家人为多,有两家并已迁居温州,一家迁居平阳经商。

灵峰曾是金乡镇北门外的一个景点,这里有一座小小的灵峰山,两座佛教寺院:外寺(和尚堂)和里寺(尼姑庵),旁边还有一座娘娘宫。每逢清晨和傍晚,寺院里的钟声就会敲响,几里路外都可听到。卢家祖辈曾信佛教,到父辈改信基督教。

父亲只有小学文化程度,但因为勤于自学,能阅读一般的书籍,在家族里算是有点文化的人。我出生时,父亲还种田,家有田地十一亩,其中有九亩是租田。以后,由于父亲身体不好,便弃农经商,最先到钱库、宜山布店当店员,以后就自己小本经营。做过的生意包括:来往于金乡温州之间经售纱布,雇人一起烧炼柴油,为民间借贷当中间人。田则给人分种,即肥料、种子自己备,农活由别人做,收成对半分,租由自己交。这时家有父、母、我、三妹、一弟,生活还算过得去,在当时穷人多、富人少的社会里,我们算是中等偏下。母亲娘家是钱库东西街,舅舅章成委(字莪甫)是个精明的生意人,自开布店。

二、在家乡读完小学 中途曾想去学商

1937年,八岁。这年春,我到本村一所新办的强华小学读书,一连四年,早去晚归。同学有本村的卢加铿、陈登亮、

董思流、黄荣华，蔡里的蔡明珊、陈明俅、陈启汉，灵峰黄的黄正良、黄相根，夏八美的金仕品等，这是我最早的朋友。我在班里成绩排第二，不过我记忆力较强，教师教的课一般都能记住，下课后就去玩，考试前也不要花很多时间温习功课。级任老师黄观伍很喜欢我。

农村虽然闭塞，但这时农民也知道中国有个孙中山，很敬仰。平阳县长是徐用（1887—1956），很开明，办了不少有益于民生的好事。这时抗日战争已经到了中期。在冬闲季节，有两个士兵到乡里来训练壮丁，包括年轻妇女，这是在农村所能看到的抗日的唯一景象。

1941年春，初小毕业，我已十二岁。是继续升学，还是在家种田，或是去学生意？这是我人生遇到的第一次选择。按照父母的意愿，升学的话经济有困难，种田又没有出息，不如早点去学生意。

于是决定让我到温州铁井栏我舅舅章成委与其结拜兄弟马作平合开的益孚棉布行去当学徒。春节后动身去温州。这家商行有五六个伙计，两个学徒。开始时我早晨起来开开店门，扫扫地，搞些杂务，以后每天跟着师兄带着发票去蛟翔巷国税局缴税。

还没等我开始学业务，日本鬼子要进攻温州的风声就不断传来，日本飞机也经常飞到温州上空来丢炸弹。每到警报拉响时，我们都要紧急找隐蔽处躲避，风声紧的时候还一早带着干粮到乡下，躲在柑橘园里，真是人心惶惶！

到这年4月19日，日寇终于从瑞安登陆攻占温州。我们店里人则一早先乘船到江北亲戚家躲避。几天过去，决定我独自一人乘航船到温州东门码头上岸，步行去与来接我回乡的五公会合。一路上看见许多房子门上都贴上了一张日本太阳旗，说明这里已经是日本占领的地方了。再往前走至中山桥正要向右转进公园路时，突然看见桥头站着一个手持长枪的日本兵，凶相十足，便急忙转身继续走另一条路线。到与五公会合后，发现这里邻居都已经离开了，一幢房子只有五公和我两个人，最怕日本兵进来。

日本兵非常凶残，经常分成小队荷枪在街上武装巡逻，看见中国人不顺眼时，就用枪托毒打。没几天，我和五公动身回家。因为这时瑞安还被日军占领，我们只好沿西面山边取道瑞安陶山、平阳宋桥湖岭步行回家。

当我们动身回家那天通过城西清明桥时，又被一个日兵拦住，但当五公拿出一瓶老酒汗塞给他时，他马上笑嘻嘻地让我们走了。这次逃难使我目睹了日本侵略者的残暴，也使我尝到了难民生活的艰险。

1942年春，继续到金乡镇中心小学读高小。金乡镇是明朝的卫城，四周建有城墙，墙外凿有护城河，城内有"一亭二

1984年,卢声亮为金乡小学校友礼堂落成剪彩

阁三牌坊,四门五所六庵堂,七井八巷九条桥,十字街口大苍桥"十景。金乡小学又是平阳县数一数二的中心小学。我前三学期走读,后一学期住校。走读时,每天要走五六华里路,中午带饭在学校厨房里蒸一蒸热,将就着吃。

在金乡小学,我在班里成绩都是前列,但不喜欢活动,所以级长都是由比我小一岁的金庆治同学担任。但我这时已表现出作文的特长,所以新从外地聘请来的级任语文老师陈伟很喜欢我。除课内以外,他还介绍一些课外的读物如高尔基的《海燕》、抗日小刊物《小战士》给我看,我也很自然地成了班级里的壁报《海燕》的骨干。有一次我写了一篇题为《金乡散记》的作文登在壁报上,陈华民校长、陈伟老师很欣赏,把它推荐到《平阳日报》发表出来。文中写到前方在打仗,但金乡却在大演京戏,这很不应该,还引用了一句古诗:"商女不知亡国恨,隔江犹唱后庭花。"

三、考上温州中学 接受进步思想

读满高小,是继续升学还是去学生意?这个问题又摆在了我的面前。按照这时的家庭经济能力,我仍然是没有条件升学。但金小校长陈华民、老师陈伟听说我不能升学,都找我父亲做工作,说我读书很聪明,不读书可惜,经济困难可以考公费,我们帮你办好"家庭清贫证明书"去考温中。最后父亲终于同意让我继续升学。1944年春,我考取温中初中部,从此离开家乡,前往温州。读满三年后,1947年春,又考入温中高中部。

初中前三个学期还是抗日时期,对我来说,是艰苦求学的三年。第一学期缴了学费后,连买课本的钱都没有,只好借同学的语文课本来抄。还好,我从第二学期开始,就取得了公费生的待遇（每门课成绩都要在八十分以上）。第二学期开学以后的 9 月 9 日，温州第三次沦陷，温中迁至泰顺江口复学。我和同学们一起翻山越岭，翻越平阳瑞安交界处有名的"通天岭"穹岭，改乘飞云江的大舴艇到泰顺江口村上学。没有宿舍，就住在农民家里；没有教室，就在搭建的竹棚里上课，这样一共度过了两个学期。这里与外界几乎隔绝，这时的我，除了读书，还是读书，但在课程之外，还喜欢打打篮球，并参加学校的歌咏队活动。

1945 年 8 月日本投降，学校迁回温州城区。这时，民族矛盾解决了，国内矛盾上升。生产停滞，物价飞涨，民不聊生，而国民党反动派则顽固实行专制独裁，镇压群众革命运动。

1945 年 11 月 25 日，昆明学生反内战要和平要民主的行动受到国民党反动派的镇压的消息在温州传开。学生界思想开始活跃起来，一些同学开始感觉到"死读书"不行，即使毕业了还是没有出路，于是提倡多读课外书，尤其是社会科学书籍，并组织读书会。

1946 年上半年，我与同班同学李尔宽及上一级同学苏尔启发起成立新群读书会（初中），阅读进步书刊，并不定期出《新声》壁报；下半年，按照高中部进步同学谷钱国、安邦等的部署，集体加入学校中一个学术性的老读书会诚诚社（以高中为主），以增加其进步性；1947 年上学期开学后，根据学运形势发展的需要，又成立了包括高初中所有进步同学的读书会——春秋，并被选为会长。

当时在进步同学之间秘密流传着许多进步书刊。对我启发较大的包括：为了知道什么是社会科学，从《社会科学十讲》及高中同学金陈亮的讲解中，知道了社会是由经济基础与上层建筑构成的；通过阅读社会发展史，知道社会最终要进入共产主义；从狄超白的《通俗经济学讲话》中，认识到贫富差别是由剩余价值的剥削造成的；从斯诺的《西行漫记》、赵超构的《延安一月》中，知道红军长征与解放区的情况；从邹韬奋的《萍踪寄语》、高尔基的《母亲》中知道苏联的状况；从《新民主主义论》《论联合政府》中，也直接知道了中国共产党的理论、主张与政策。

读了这些书刊以后，顿时心中一亮，看清了现在的社会漆黑一片，都是国民党的专制独裁统治与地主资本家的剥削所造成的，必须推翻国民党的反动统治才能救中国。

由于思想认识的提高，我从1946年上学期到1947年上学期（高中一年级），积极投入了当时正在全国兴起的轰轰烈烈的反对帝国主义侵略与国民党专制独裁统治、要求民主自由的爱国民主运动。

主要包括：（一）1946年3月12日，参加了在温中大操场举行的五千多人参加的针对美帝国主义"反侵略"大会，然后举行了大游行。(二)1946年6月参加了温中及其他中学的学生群起声援温州贫苦市民闹米风潮举行的大游行及社会调查。(三)1947年1月9日参加了温州城区九所中学在温中大操场举行的抗议美军驻华及其暴行大会,会后举行了示威游行。(四)1947年6月2日参加了全国性的学生反饥饿、反内战、反迫害运动,温州城区九所中等学校联合召开大会并举行了浩浩荡荡、秩序井然的游行,将温州的学生运动推向了高潮。

在上述这些活动中,我除了自己积极参加外,还从开始时的发发通知、写写标语,到后来参加共同研究、分工负责发动。在实践中不仅积累了经验,还熟悉了几个地下党同志,如本校的苏尔启,校际的施巨欣,也知道浙南已经有了共产党的游击根据地,至此,下定决心,到解放(游击)区参加革命去!

(节选自《风雨人生 无愧于民——我的人生足迹》)

忆在校读书和走向革命

董孔甫

董孔甫
1929—2009

苍南县灵溪镇凤鹤村人。曾任观美小学校长、《浙南大众》报编辑、温州地委办公室调研员等。著有《少年英雄林森火》《老交通员》《岁月的足迹》等。

    1943年冬，我十三岁小学毕业，报考温师，三星期后，接到录取通知书，喜出望外。当时正是抗日战争时期，温师迁到泰顺莒江去，离我家苍南观美乡较远。父亲怕我人小路远山高，生活艰苦，劝我不要去，但我一心想到温师读书，希望未来当个乡村教师。

    动身时，哥哥挑着行李护送我。说实在的，平时我很少爬高山、走远路，第一天，我哥俩在平阳山门进客店过夜。第二天一早又动身赶路。当我走到晓坑时，姜岭这巍巍的大山横摆在我的眼前，令人望而生畏；爬岭时，尽是悬崖峭壁，令人心惊肉跳。可下岭比上岭容易得多，也快得多，太阳西斜，到达岭脚"五十四",天黑到达珊溪。这一天真够呛,脚酸腿痛。第三天太阳落山时到达莒江。那些先到的同学热情地带领我报名注册,住进农家土墙房子的学生宿舍。这哪里像学校,课堂在宫庙,食堂在祠堂,彼此距离也蛮远,吃的是红糙米饭,菜自备。在这深山冷岙里,哪有什么菜可买?经常是细盐拌冷豆腐,或者买点咸菜过餐度日。这一切的一切,都是日本帝国主义侵略中国给我们带来的困苦,从而激起了我们对帝国主义的仇恨,激发了我们的爱国热情。

莒江四面环山,溪涧横贯中央,山清水秀,空气新鲜。清早或傍晚,我们拿一本书,一边读,一边吸收新鲜空气,脑清易记。晚上,有时到山民家中走门串户,对山民的艰苦生活,淳朴感情有所体会。

在莒江,同学们团结友爱,互学互助,偶尔一人生病,同学们拿饭送茶,关怀备至。有一次我游泳失足,落入深潭,在水中挣扎,水呛得饱饱的。在这危急之际,是林立中同学抢救我上岸,帮我呕水,给我做人工呼吸,使我死里逃生。我铭刻在心,永世难忘。

抗日战争胜利后,学校搬回郑楼。郑楼是鱼米之乡,交通方便,环境优美,是学习的好地方。我们同学盼望改善生活,好好读书;但反动政府不顾全国人民的反对,挑起内战。同学们义愤填膺,和全国人民一道掀起反内战、反饥饿、反迫害的学潮。学校当局实行法西斯镇压，我班同学陈培静，就是被开除后走向革命，到浙南打游击去的。以后又有不少同学像我班许明载、杨宗铭、吴志仓、李仁达、夏振迪等，在白色恐怖下走向革命。我毕业后，到故乡观美乡小学任教。因为学校拖欠薪金，连伙食费也不支付；我提了意见，反而被解聘，使我不得不放弃当教师的夙愿。此后，我参加了革命，加入了共产党。

　　在莒江和郑楼读书的情景，虽然过去四十多年了，但记忆犹新，历历在目。现在有些同学已经离开人间，我悲痛地思念他们。我也多么盼望我们同学，特别是同班同学，能在有生之年团聚一堂，叙旧谈心，或互通信息，过好晚年！

（原载《温师建校六十周年纪念册》，1993年版；
选自《岁月的足迹——五十春秋书稿辑存》，1998年版）

采矿

郑立于

郑立于
1929

笔名幻邨,苍南县矾山镇西坑村人。曾任《平阳县志》主编。著有《祖国的矾都》《青春的火花》《百鸟诗集》等,点校有《陈高集》。

有人说矾山是"象穴",山中的矿石挖出后,经过多少年以后又会生成,像象的身上割去一块肉以后会慢慢地长成一样。这种童话式的传说,当然不足信,但是也可以说明矾山的矾矿蕴藏量很丰富。

矾山矾石的色有白、灰白、灰蓝、灰绿、翠绿、粉红、铬黄、灰黑、暗黑等多种,五彩缤纷,异常美观。矿工们为了分别矿石的种类,把它们叫作生子、大仁、大花、细花、虎斑、乌溜、白蜡、白玉,等等。凭他们的经验,就可以用肉眼大体上辨认出矿石的好坏,即矾石含矾量的多少。

最早的时候,矾石布露在山面,采矾石只要用很简单的工具就可以了。后来,山面的矿石挖光了,就得挖开山面的黄泥,开洞采掘矿石。矿石很坚硬,碰到岩壁用锤敲击或钢锥挖是没有办法的。于是矿工们另外找到窍门,用柴架起来烧,俗称"烧火龙"。"烧火龙"就是把整块的岩壁烧裂,再用铜钻钻,铜锥挖,矿石就可以采下来。

"烧火龙"要靠经验。最要紧的是做"火门"。"火门"做得好,矿石就容易烧裂;"火门"做不好,任你怎样烧也不相干。做"火门"要掌握节理(矿岩的纹路)。由于长时间采矿经验的积累,矿工们对岩石中的节理都非常熟悉,善于利用节理来开采矿石,使工作效率显著提高。矿工们通常叫矿岩的节理为"kuò"(矾山土话,音扩)。矿岩隙缝中填有泥土的叫作"土 kuò";隙缝中有涓涓细流的叫作"水 kuò"。"烧火龙"不但顶石、边石可以烧,就是底石也可以烧。烧底石同样是把柴火架在岩石上边烧,利用火门将火力导向底层,底石就会烧裂。矾岩烧裂后,再用钢锥挖,铁锤敲,把矿石采出来。

采用这种古老的开矿方法,矿工们也积累了不少的经验,出现了不少开矿的能手。据说,过去有个名叫朱良笃的矿工,他在大岗头山开矿,挖"天花"(矿洞顶的岩石)出了名。天花岩很高,非用十三级高的木梯便挖不到,但是站在木梯上挖,巨大的天花若掉下来会折断木梯,伤了身体。于是,他想出了一条办法:站在木梯顶挖,采掘时细心倾听岩隙走动的声音,等到天花岩将要掉下来时,他很机灵地拉住木梯,猛力一跃,连梯带人移靠到另一边的岩壁上。这样天花岩采下来了,人却平安无事。还有一个矿工名叫陈大旺,狮头山人,很早以前他在柴桥洞采石。他家里很穷,负债很多。大年近了,家里还没有一个铜板,怎么还得起债呢?他想不出别的办法,最后只好到矿洞里去采矿石。时间这样紧迫,矿洞里又没有容易挖的矿石,只有一大块不容易挖的天花岩,把这块天花岩挖下来值不少钱,能解决不少问题。

他坐在天花岩下端详了好久,长长地叹了一口气说:"天花岩挖得下来,就是一只拇指保不牢!"这是什么意思呢?原来天花岩挖下来时,他自己可以避到旁边一道岩隙里去,只是一只足拇指无处躲避,露在外边,会被岩石打碎。他因受生活所迫,没有别的办法,只好冒着这个危险把这块天花岩挖下来,果然打断了一只足拇指。

尽管矿工们有非常高超的开矿技术,创造了难以计数的财富,但旧社会总是免不了落到"死了的人没葬,葬了的人没死"的悲惨命运。因为矿主和资本家珍惜的是金钱,并不是工人们的生命!

用火药爆破炮眼的采矿方法是最近几十年来的事。听说,在1927年,有个名叫老李的北港人,带来火药在水尾山矿洞首先试用。接着,有个名叫占孔挺的矿工在鸡笼山"看牛大王"

矿洞里试用。从此，便普遍采用这种方法。用火药爆破的采矿方法比过去烧火龙进步，效率大大提高，所以大家一直在使用。现在已用炸药代替火药，既方便，爆破力又强。

过去，矿主单纯追求利润，矿洞没有计划地进行开采，也根本没有什么安全设备。所以矿洞里跟地狱一样，黑洞洞、湿漉漉，有的矿洞常常积水，洞道又深，排水的工具很落后，只是用木桶挑，积水永远排不干。矿工们为了不饿肚皮，有时只得在冷冰冰的水洼里工作。在深暗的矿洞里，过去照明用煤油灯，煤烟熏得矿工个个像包公，洞里空气非常混浊，严重地影响了矿工的身体健康。有的洞道小得要爬才能进去，洞里的矾石运出来，要用肩挑，碰到狭小陡急的洞道，甚至要脚先伸出来，然后身上担着笨重的矾石慢慢地蠕动着出来。矿工的安全问题更不用谈，有时洞口塌下来，成群的工人被活埋在里面；有时天花岩掉下来，打得粉身碎骨，死亡时时威胁着工人。十多年以前，在矾山一个坍塞了的老矿洞里，就发现有二十多具尸骨堆着，有的手骨还拿着钢钎和榔头等工具。所以矿工中流行着"早上吃饭不知黄昏暗"的说法。矿工们过去受过多少苦难，不用看别的，只要看看他们的手脚和肩背就够了。老矿工的手脚没有一个人没有疤痕，没有一个不是驼背歪肩的。

这就是旧社会残害工人的罪证！

新中国成立后，矿洞的面貌跟过去截然不同。在共产党的领导下，1955年进行了全矿山的改组工作，把原来由矿主掌握私人开采的经营方式进行彻底改造，并采取了整顿劳动组织、训练培养技术工人、贯彻操作规程和操作方法等一系列措施。1957年又有十几位工人到浙江矾矿去学习机械操作。现在除改进了旧洞，开辟了许多新的工作面以外，还开了五个平洞，有两个平洞安上了压风凿岩机。用压风凿岩机凿眼，出眼率比手工操作提高二十四倍。平洞里很宽敞，又平坦，挺胸昂头跑来跑去也没有关系。平洞的运输用斗车在小铁轨上推，很不费力。不论白天黑夜，洞道两旁灯光辉煌，宛如地下的皇宫廊道。

在矿洞的安全设备方面，新中国成立后做了许多工作：把危险的矿洞有的封闭了，有的建了石磴护墙，有的用顶坑木顶住了；进矿洞戴上安全帽，穿上工作鞋和工作袜；在峭壁上打眼时缚上保险带。据统计，从1956年到1957年3月，矿洞里共有设备顶坑木两千三百五十二支，安全石磴三百五十三个，安全铁鐁七十二把，安全带五十条……此外，还修理了洞内运道。国家用在这方面的投资相当大。矿工们得意地说："过去进矿洞提心吊胆，现在进矿洞安然自在！"

（节选自《郑立于文集》，
浙江工商大学出版社2016年版）

记忆：存留的残片

萧耘春

萧耘春
1931

出生于苍南县金乡镇石砰外湖,祖籍灵溪镇渡龙村。曾任苍南县文联主席、1997年版《苍南县志》主编。著有《男人簪花》《苏东坡的帽子》《俯拾集》。善章草,出版书法作品集五部。

一

案头端端正正摆着一部用蜡纸刻印的《六祖法宝坛经》,这是佛教典籍中唯一的中国人著述而被尊为经的,是南宗禅最重要的一部经典。杨奔兄看到这个本子很惊奇,说:"你在研究佛学吗?""不,我只当小说看,很有趣。我很佩服五祖,他居然会把禅宗衣钵传给一位不识字、在寺院中劈柴踏碓的人,而不是上座神秀。接下是数百人为争夺衣钵的追杀。极端残酷常见于古代的政治斗争,不料佛门亦如此。更怪的,残酷的政治斗争见于文人的记录中,往往为尊者讳,遮蔽、淡化。

而此经中却写得明明白白，惊心动魄。六祖晚年，南宗禅在南中国大行，而这件神圣的达摩大师袈裟，六祖居然不传了。这些情节小说家能想象得出来吗？当然书中大部分是谈禅理的，即使谈禅，也写得不同一般。"杨奔说："那就借我一看。下回来，我借给你《维摩诘所说经》，你也会觉得非常有趣的。"不久，他果然把大乘佛教典籍中的一部小品带来了。我们交往多年，他借书给我时，从来不说这书要还给他的。这回是破例了，不但说要还，还叮嘱不要弄脏。在二十世纪六十年代，朋友中只有他有这种佛经。

听说他少时曾拜释昌定为师，是耶非耶，我未曾问他。我知道这位苦行僧识字不多，但有悟入。他对这位和尚很佩服，曾到大罗山拜访过。在他的散文集《深红的野莓》中有一篇《大罗山顶》，文中的琅师父，便是昌定师。在他另一本散文集《霜红居夜话》中有一篇《炎亭僧》，也是写昌定师的。没有故弄玄虚，只娓娓道来，如一泓清泉，映青天白云。美，一种淡淡的美。昌定师有两句偈："无云遮山顶，有月映波心。"几十年来杨奔多次重复告诉我。

他喜欢和有修养的和尚交往，并非旧文人习气，也非佞佛。我与他同到过南京古鸡鸣寺、镇江金山寺、苏州西园寺、杭州灵隐寺、普陀的普济和法雨寺、宁波的天童寺、温州的江心寺等名刹，都没有看到他礼佛。他只静静地看看，或许是在体味那种悲悯的气氛。

我喜爱书法，不时有人为亭台楼阁撰联，要我书写。联语写山、写水、写风霜雨雪、写草木虫鱼，有的看看颇好。也有人为寺院撰对联，只写他眼前所见风物，也还不失为聪明。如果偏要谈禅理，而一部佛经也未看，准免道三不着两。为寺院撰对联，杨奔是有他的长处的。

我俩都熟悉的某寺法师重建了大雄宝殿，要杨奔撰联，我书写。杨奔撰的联语是：

无云遮山顶，清昼见峰峦重叠。叹滚滚红尘，试问：三宝门开谁肯入？

有月映波心，良宵闻梵呗悠扬。值茫茫孽海，为言：菩提心发自然来。

此联有长跋，说明是集炎亭昌定、三峰谛印二高僧遗偈。上下联中首五字为昌定句，末七字为谛印句。

在共同纂修县志时，有必要到一个小有名气的风景点走走，顺便到一小寺院休息。杨奔看到壁上悬挂着手绘的十八罗汉图，注目一会儿，对我说："我画的要比这个好。"原来他还能画。据佛经，只有十六罗汉，宋代就弄错了，我建议他画一长卷。

二

我多次到张家堡杨奔兄的家,总是在下午四时前离开,因为我不惯在别人家过夜。这一天,四点前就下起雨来,不是帘纤雨,而是倾盆大雨,杨奔无论如何不让我走,说,到渎浦足有二十五里,路滑,我们话还没谈完哩。

急雨打窗,灯光朦胧,这时闲谈,别有滋味。突然我注意到他的壁上挂着一幅张裕钊的行书卷。我知道,张裕钊的字沈曾植很欣赏,康有为在《广艺舟双楫》里评价尤高。我看到多种张的字帖,都是楷书,总认为太平直。好是一回事,喜爱不喜爱又是一回事。这幅字实在写得太好了。"你怎样收到这种宝贝呢?"他笑起来说:"这是民国时期的水印,旧书摊上得到的,很便宜。哪里称得上宝贝呢?"这时我才知道他对书法也很有兴趣。至于他颇有书卷气的小隶书和小篆书,是后来才看到的。

次日分手,他送我一本民国时期出版的纳兰性德的《饮水词》,因为他在我家看到我在1948年手抄的《漱玉词》和《南唐二主词》,认为我喜欢婉约派的作品。《饮水词》我认真读了,想不通这位明珠太傅的贵公子,为什么心中总有一种说不出的苦闷,词写得缠绵悱恻,集中有那么多的"愁"字。隔了好几年,我偶然填了一首词给他看,当他看到"同襟期,笑指门前柳",

很惊奇,说:"误会了,原来你是学苏、辛、刘过一路,喜欢放开嗓子,大喊大叫的。"他曾经多次劝我写写旧体诗,说:"你是拜师学的,丢了可惜。"我回答引了王婆的话:"你看我着些甜糖,抹在这厮鼻子上,只叫他舔不着。"既然舔不着,干脆就不舔了。

与我同年龄段的朋友,好几位喜欢写旧体诗,杨奔写的诗,我是爱读的。他的不少诗我知道"本事",所以读来特别有兴趣。如《深红的野莓·跋》最后的绝句:"欲将沥血呕心语,传与珠圆玉润人。"人生得知己,概率是很低的。"人生得一知己足矣",这是幸;"人在天涯""此恨绵绵",是不幸。这种幸与不幸很难说得清楚,或无可言说。文艺作品的另一半,是由读者完成的。像这样的诗,只有那位受者完成得最好。别的读者,无论生活阅历和想象力多么丰富,终是隔了一层。

三

在我的朋友中有好几位堪称手不释卷,杨奔兄是其中之一。他阅读范围很广,中外古今文史哲都喜欢涉猎,但并不是东放一枪,西放一枪,所有的阅读,都是为他的散文吸收营养、提高境界。他的散文又都是千字文,这就是他成功的诀窍。他编写过传记,介绍过风土,修过志,批过书,还写了堪称优秀的旧体诗词，但我认为他的散文是最好的，无愧是散文家。

好像是忘了又好像并不，他多次向我赞叹张岱的《陶庵梦忆》《西湖梦寻》写得好，特别对《闵老子茶》《湖心亭雪》赞不绝口。我说："还有《扬州瘦马》。"他神秘地笑了，说："老不正经。"

对现代作家散文，他很喜欢陆蠡的，几次对我谈起。在苏州一家书店里，《陆蠡散文集》突然在我眼前一亮，我就买下了。到家，没有看，立刻送给他。当时他很高兴，至于以后看完集子，是满意呢还是失望，我就不得而知了。

他的散文有许多篇是引用各种资料组成的，这不是"拉郎配"，而是苦心经营。周作人的散文，许多篇章亦是如此。我以为他很喜欢周作人的，但他摇摇头，说："周的散文太淡。"

他介绍给我看的第一本书是纪德的《地粮》，至今我仍记得是民国时期出版的，直排。译者忘了。他很认真地说："这书，对你或许有帮助，你会喜欢这种风格的。"我偶尔写篇散文，他看了，说要放松一些。他每次看到我的散文，都说：再放松一些，再放松一些。就是最后回到龙港家之前，他还叫我看看纪伯伦的散文诗。这些都是肺腑之言。他追求美，也希望我的散文能写得美一些。

有一年他去帮助民间文学（三集成）苍南卷的整理工作，他问我：整理民间故事难在哪里？我说：问题在于记录者不会

1993年,《苍南县志》审稿会合影(二排左五为萧耘春,二排左八为杨奔)

或不愿做田野作业，听到几句话，便使出写小说的伎俩，敷衍成篇。语言问题更大。我随即送他一本《天牛郎配夫妻》，给他做参考。这是在我眼中整理得最好的一本民间故事。

由于境遇、所学种种不同，我们有时也会像聋人与聋人对话——你说你的，我说我的。好在，我们都很理解，绝不会放在心上。

四

有时我俩共同参加长达数天的会议，杨奔兄从始至终未说过一句话。人们都很奇怪，认为他是"铁蛤蜊"，但我心里明白，在他家或在我家，同到公园散步，一对一，他是滔滔不绝的。我们什么都谈，谈得很随便，从书本到生活，事无大小，也不问观点是否正确、事件是非。他曾说：最怕是一种熟人，一来就怒气冲天，指桑骂槐。这时他就想到天蓬元帅的理论：来说是非者，便是是非人。

他很乐意做些公益工作，如编写《苍南文史资料》，编《苍南诗词》。有时真是吃力不讨好。我很抱歉，因为这些事当时都是我建议的。一次我的一位老同学来看我，说他刊于《苍南诗词》中有一首诗被杨老改了。我说："好嘛，一首有缺点的诗，能改得完整一些，作者应该如《金瓶梅》里说的'但得一片橘皮吃，且莫忘了洞庭湖'。"他突然生气起来，说："是被杨老改坏了，我要去问问他为何这么改。"我说："假使你把这首诗寄给《诗刊》，被采用，也改了几个字，你会到北京去责问吗？""那怎么办呢？"我说："很简单，以后你出版自己的诗集，就收入自己原作，不就行了吗？"约半月后，杨奔告诉我，我的同学去找他，很客气，很热情，向他请教。

五

县委宣传部要编一部《苍南文献丛书》，因我年纪大，又有较熟悉文言文的朋友，所以找到我。初步定下八部书后，我即想到杨奔，建议他负责选辑《苍南诗征》。他说："不行啊，首尾一千年，要读许许多多刻本、手抄本，甚至搜求到日记、谱牒等等，我没有精力了。你就给我一本专著来点校吧。"于是我给他一部张著的《永嘉集》，并陆续寄去张著诗文及生平有关资料。点校并不是很容易的，要细心，要耐心，要耐得寂寞。他给我看第一稿时，作为朋友，我提了一些意见，这并不是我比他高明，而是老年人都不免有精力不够的地方。我还叮嘱他注意身体。

人有旦夕祸福。突然听到杨奔在温州开刀，胃里有肿块，是癌，已转移。虽然说，天空没有不流动的云彩，但几十年的老朋友听到这个消息，成何滋味，连自己也说不出来。杨奔回到龙港，又住进龙港医院，传来消息，说是连人也认不得了。

知道杨奔身体不好，灵溪几个朋友相约去看望。进入他的房中，完全出于意外，他和常人一样脑子清楚。上卫生间也不用人扶。正在服一种进口药，很见效。他的儿子邦泉告诉我："前些日子我爸昏迷的时候，还几次念起你。"我想，这不单是几十年的朋友感情，或许还记挂着我推荐给他点校的书未完成。他的责任心是很强的。回来时，有人说：该不是回光返照吧。但愿如此。

记不清经过多少日子，杨奔又进医院。我与革新、克让等人赶到龙港医院去看他。据他儿女说，医生说他除了脑子和呼吸道还正常外，身体其他部分全不行了。我到病床前说了几句安慰的话，便给他点校《永嘉集》的稿费。"何必如此认真呢，我对钱不是看得太重。"他神态很安详，又说，"我点校稿尚未最后完稿。"我说："没关系，以后由我替你完成。""这我就放心了。"这是他对我说的最后一句话。只隔约五个钟头，他的儿女把他抬回家，次日早上便去世了。

几年来，朋友们还不时谈到他的为人和文章。这是很不容易得到的。"人去茶凉"，我看到太多了。

我很久不写旧体诗，一日整理书籍，把杨奔著的《深红的野莓》《霜红居夜话》《弦柱杂帖》翻翻，忽然心血来潮，写了

两首悼念的诗:

(一)

挥洒随缘无古今,流泉汩汩转深沉。
霜红居有瓣香在,试向陶庵梦里寻。

(二)

烛跋深宵未觉迟,酒酣点染雁山奇。
何时重见掣鲸手,潮涌青龙要好诗。

2005年8月3日初稿
2006年12月1日三稿

(选自《俯拾集》,中国文史出版社2013年版)

读书生涯回顾

郑绍珪

郑绍珪
1932

苍南县金乡镇郑家楼村人。公路桥梁设计专家,高级工程师。曾任交通部公路规划设计院桥梁部主任。主持编写有《公路桥涵设计规范》等。

　　我名叫郑绍珪,是一名桥梁高级工程师,现在北京工作,今年已近六十三岁。由于工作需要,目前仍坚持在岗位上发挥着余热。家乡解放时,我尚不足十七岁,我的高中和大学生活都是在新社会度过的,可以说我是新中国培养出来的较早一代知识分子。回顾我这一生,应该说道路基本是平坦的,没有遇到过很大的波折。参加工作以后,得到各届组织的信任,先后承担了一些重要项目。完成情况也很好,虽说不上有什么突出的成就,但也算是对国家和社会做出了一些微薄的贡献。1978年中国共产党十一届三中全会以后,我国实行了改革开放政策,国家转而着力于社会主义现代化建设,同时大力落实党的知识分子政策，从而各项事业蓬勃发展，全国人民热情高涨。此后，我的多个项目也获得了部级以上奖励，个人取得了国家科委颁发的国家科技成果完成者证书，1992年被评为全国工程建设标准与定额先进工作者，同时有幸地享受国务院发给的政府特殊津贴待遇。同年被批准为中共正式党员。目前，我力求站好最后一班岗，为我国社会主义建设大厦再增添一砖一瓦。

我的老家在平阳县（现为苍南县）金乡镇楼下村。这里有一片宽旷的平原，河流纵横交叉，东面濒海，自然条件优越，是名副其实的江南鱼米之乡。我的少年时代就是在这里度过的，至今仍怀念着它。我早年的家是一个大家庭，兄弟姐妹六人。我的祖父郑孔就（字容芙）在家乡一带稍有名望，由于他乐于做善事和兴办公益事业，热心调解当时家乡时有发生的地方宗派争斗，受到人们的尊敬。我的父亲郑体华（字廉安）早年留学美国，获美国康奈尔大学硕士学位。回国后长期担任大学教授，先后在英士大学和中正大学执教，解放后转教于安徽大学，直到1957年告休回乡。他一生清高，孜孜追求学问，对子女要求严格，渴望我们努力进取，学有所成，将来有立足于社会的本领。我小时受他的影响很深，曾立志做个有出息的读书人，步父亲的后尘。一度曾发奋求学，憧憬着未来有一个美好的前景。

江南河网

　　我六岁开始上本地初小,四年后转入金乡镇中心小学高级班。毕业后,按我父亲的旨意考入北港区水头镇南雁初级中学。据说,这个学校办学认真,管理严格,有良好的校风,学习气氛浓厚,且又有宽敞的校舍,尤其是有一批外地老师在校执教,他们都是日本侵华期间逃难到此后留下的,有些原是大学老师,有较高的学术水平和丰富的教学经验,因此,尽管这个学校地处山区，交通不便，但父亲还是鼓励我来投考。事实证明，这个选择是正确的，三年的学习使我在各个方面均受益匪浅。

初中期间，正值中国共产党领导的解放战争时期，人民解放军大举向国民党统治区进攻，并取得节节胜利。在这个山区里，既见不到战争的烟火，也得不到战场信息，但却能耳闻目睹另一场情景，即当地游击队为配合正面战争而掀起的风起云涌的斗争。他们频频地袭击国民党军政据点，张贴倒蒋拥共的标语，许多劫富济贫、除恶扬善的传奇般故事也不时在学校内流传着。此前，我对中国共产党不是很了解，但对眼前出现的他们的这些行动，倒颇有好感。与平时见到的国民党的所作所为相比，共产党在我心目中明显地占据上风。游击队那种声势浩大的举动，同时使我预感到，国民党统治的天下很快就要垮台了。

我的高中生活始于温州瓯海中学，后来因学校调整随班转入温州市立中学。到了高三时，出于上大学的考虑，又来到了安徽芜湖我父亲身边，就读于芜湖市立第一中学。我知道，在通往大学的征途上，高中是一个关键时期，我必须确保学好功课以迎接将来的高考。于是从高一开始我便加倍用功读书，除一些重要的社会活动外，几乎把在校可利用的时间用于学业上，我还专门组织了自然科学学习小组，每星期定时讨论一周来的主要课程。每晚自习后常常加班加点，直至深夜才就寝。因此，在温州学习的两年中，我取得了很好成绩。这也许就是对我付出的回报吧。进入高三后，环境发生了很大变化，学习上遇到不曾预料的困难，语文上的障碍便是其中之一。少数老师用当地方言讲课，其发音与普通话相距甚远，对于一个刚从温州来的学生，听起课来犹如腾云驾雾，似懂非懂，这就大大地影响了我的学习效果。困难之二就是该校高三不再安排物理课（高二已完成），而我却未学过（温州安排在高三讲授），这样，我还必须利用课余时间来补习它。以上情况预示着，在距高考仅一年的时间里，我还将面临一场严重的挑战，其结果必将直接关系到我的前途。父亲最能理解我的心情，在我极端困难时给予大力帮助，为我创造了良好的学习条件。他从安徽大学聘来了物理老师为我单独开课，同时又请来了其他课程的辅导老师，我在学习上遇到难题时随时可向他们请教。

（节选自《苍南文史资料》第十一辑，苍南政协文史委1996年版，题目为编者所加）

向百年金小致敬

黄钦康

黄钦康
1932

苍南县金乡镇河头村人。1947年毕业于金乡小学,1951年至1953年任教于金乡小学。曾任西安美术学院教授。编著有《陕南挑花》《图案基础》《中国民间织绣印染》等。

我一生填过无数次履历表,而表格中出现频率最高的莫过母校金乡小学。在我的青少年时代,我先后两次离别金小。一次是1946年暑假,百朋先生带我去温州报考初中,结果考取了瓯海中学,以小学学子的感激心情离别母校金小。几年之后,经百朋先生举荐,我再次回到母校担任教员。我于1953年考取东北美专(鲁艺之后,鲁美前身),第二次离别了金小。由小学升初中,时在民国末年,是年十三岁,距今将至六十年;解放后再别母校金小,至今也已五十二年,半个多世纪了。从学生到老师,又去当学生,然后又当老师,在完成最后一名研究生的教业之后离休。现如今我步入暮年。然而,每当回顾青少年时代，在文昌阁学堂那神圣的知识殿堂或学或教，校园的丰富多彩生活总是让我亦梦亦幻，历历在目。

在四周河流环绕，地形保留完整的明城墙遗迹之中，江南古镇狮山脚下一隅，气派雄伟而古老的文昌阁旧址，便是生机勃发、左右闻名的金乡小学所在地。进入校门，一条五十米甬道两旁柏树参天，平房门槛内左边就是教师开会议事或小憩的大办公室。正门檐下，映入人们眼帘的是三幅伟人肖像，有毛泽东、斯大林、金日成等，这是后话，是解放后我任美术教师后的拙作。我当学生那是民国年间，那位置可能挂着孙中山像或是"天下为公"匾额什么的。过了平房，中院是精心设计修造的长方形水池塘，上面有小石板桥，跨过小石板桥登上石牌坊，然后沿台阶拾级而上，到得文昌阁正殿。这是一座气势恢宏的古建筑，两层楼阁全部木结构，正脊简洁端庄而平实；两端吻饰祥兽、龙、鱼、植物中的卷草等造型繁复的砖雕、木拱、吊翘、飞檐、雀替、斜撑、斗拱和驼峰使整座建筑直向天顶洞开；雕栏、梁柱、门窗、格扇和天花等，砖木构件谐调结合，巧夺天工，使这座基础平实、稳固，面南背山的雄伟建筑，神秘中融吉祥、风雅、道德、教化于一体，煞是壮观，虽是供奉神灵之处，却有浓厚的古书院遗韵，人文气息俨然。文昌阁主体建筑左右两侧是木楼梯连接，一字儿排开的两栋二层木结构教学楼，这是随学堂不断发展，在民国年间新添的教学楼。春天古木繁花，溪水潺潺；夏日蝉鸣阵阵，书声琅琅。记得同班同学中有汤君正、黄绍基、夏贻宠、黄银金、许明端，等等。语文老师是百朋先生（兼班主任），我们高年级住校生（十来个均为男生）当年就住在文昌阁二楼左侧一间教室后边，狭窄的集体宿舍里，房间小，倒还热闹。那时没有电，夜晚自习是点着煤油灯学习的。百朋先生的家离学校不远，故经常在夜读时来宿舍辅导，师生亲密无间地聊天。最最难以忘怀的是1945年抗日战争胜利，全国上下普天同庆。当时学校组织全校师生游园庆祝活动，夜晚每人手提一盏造型各异的灯笼，一手拿小彩旗，排着整齐队伍行进在金乡大街小巷。倾城男女老少，满街人头攒动，工农商学各界，都以各自的行为方式表达最亢奋激动的喜悦心情，庆祝这伟大的胜利！斗转星移，今年已是抗战胜利六十周年了。

1949年5月7日温州解放，也就是我初中毕业，我随即参加浙南游击纵队，在二支队担任文化教员，没多久，在一次进山剿匪中受伤（不是被敌人打伤，而是自在山间行军途中，脚底板被树桩叉刺穿进而发炎肿胀流脓，被战友用担架抬下山），随后被父母接回家中养伤。不久，游击队改编，我于9月再读温州市立高中。1950年2月入温州地委文工团，参加各地巡回演出，打腰鼓、画布景。6月文工团缩编，我被派往青年团文成县委任宣传干事，8月考美院错过报名时间未果。

9月经侯老师介绍执教张家庄小学。1951年3月由侯老师介绍回到母校担任美术教师,兼任学校腰鼓队教头。腰鼓队由二十名十一二岁至十三四岁少男少女各半组成(可惜时间太久了,名单忘记了)。当时金小腰鼓队小有名气,正如后来惠中先生说的:金乡小学的腰鼓队是保留节目。课外时间排练,没多久就能表演了。男的头上裹白头巾,一袭白色表演服,女生着一身大红色服装,表演前每人都要由我来化妆(后来时间长了,女生也能独自化妆)。一有什么宣传任务,就立即化妆把队伍拉出去,男女分开两排,我手执大铜钹,有板有眼领头指挥(忘了自己是不是也化妆),大街小巷转一圈,铿铿鼓钹声威震狮山,引得城镇居民,街上行人无不驻足观看。须知那时信息落后,广播还不普及,更没有电视。腰鼓队的作用就是宣传,是广播,就如当今中央电视台新闻联播,向平民百姓告示国内头条新闻。当然当时传递的多为本地的政治、经济、文教等方面的告示、信息。后来随着有线广播的兴起,这支小小的腰鼓队才开始慢慢淡出。据说鄢教头离开金小之后,这一"保留节目"至今还保留着。

金乡小学是历史人文荟萃之地,印象中群觉先生(黄群觉先生,习称群觉先生。略去各人尊姓自呼其名某某先生,这一风俗自民国以来一直沿用到解放初。它不讳师道尊严,反而更觉人际之亲切率真,之后才慢慢随全国形势发展而改称老师)

2005年,金乡小学百年校庆会场

一身儒雅、睿智,而且颇有国画功底,是金乡教育界的一代名师,可惜那时我不懂、无知,遗憾没有好好向老先生学习。美术教师中有陈旭华先生,他在上海美专学习过,美术课对他来说是小菜一碟,不过他主教语文,平日里不事张扬,很有修养;美术教师中,后又调来位苏昧朔老先生,是温州平阳地区颇负盛名的画师，我眼不识珠也未前去拜访求教。前边提及校门过厅的三幅伟人像画作，那是出自鄙人之手，在前辈面前我是班门弄斧，"初生牛犊不怕虎"。年轻也是一种优势，自恃在温州文工团美术组见过世面，胆子大，领导让画就画吧。今天忆及，那都赖前辈、领导和同事对后生的友善、宽容与提携啊。校长是惠中先生、百朋先生；教导主任是张守华先生，他办事果断，说话柔声细语，素质涵养自然有度；还有主管总务的陈辅卿先生，他城府深，举止老到；他们都是我心目中可敬的前辈。教师中还记得李良煜、殷作炎、陈朴深、金钦治、詹素仙、李枚萼、徐素妹、殷春申等先生都是可圈可点的好老师。大概是1951年暑假吧，我还和上述各位参加平阳小学教师思想改造暑期学习班。1952年又和作炎一起参加温州地区的学习会。其间，作炎就被省上调去杭州工作了，学习结束我回金小继续工作。我曾和他们轮流值过夜班护校，因为是解放初期，每天晚上教师要派对通宵轮流守护学校。每当我和某某老师在月夜下走遍静谧、幽深的校园角角落落，认认真真地探察之时，觉得挺有趣，实际上在我执勤期间一切平安无事。当时社会治安稳定，由此可见一斑。在金小执教两年半时间，起先我住在文昌阁右侧连接教学楼的二层木楼上的双人宿舍，大概有一年时间。后来搬到一分校，住进集体宿舍。在金乡小学执教期间，我自修完高中课程，终于1953年考取东北美专，时年二十岁。

半个多世纪以来，除百朋先生、作炎兄偶有联络往来，其他人都没有联系了。

以上只是我漫长人生之旅记忆中的点滴，只言片语。值此金乡小学百年华诞之际，我谨向母校金小致敬！并祝愿：百年金小存豪气，万千学子展雄才。同时，向尚健在的我的诸位师友，以及如今的全校师生致以衷心问候。

2005年于西安

（选自《百年金小留芳集》，2005年版）

我的小传

刘文峰

刘文峰
1934—1998

原名际饶，苍南县莒溪镇西厅村人。从事编辑工作三十余年，曾任《文汇报》要闻版编辑、一版主编。著有《编辑散论与编排技巧》《海洋奇观》《刘伯温全传》等。

1934年农历八月初九，我诞生于浙江省苍南县（原属平阳县）莒溪镇。原名际饶，小学毕业时，班主任池方庆老师因我语文成绩好，作文尤佳，故将我的名字改为文峰，这也寄托着池老师对我的厚望。但我舍不下父亲给我起的原名，长大后即以际饶的谐音"季尧"（三兄弟中我最小，故称"季"）为主要笔名，发表新闻报道和著述。

我家从祖父方净公（字一清，号植亭）到父亲开斛（单名权，字子衡）以至大哥际超，三代业医，开中药铺。我诞生时祖父已谢世。父亲有兄弟六人，他是老大，自然要挑起家庭的重担。他只读过几年蒙馆，全靠勤奋自学成才，颇通文墨，亦能赋诗。

为继承祖业,他将一箱子经典医籍,如《本草纲目》《神农本草经》《内经》《金匮要略》《灵枢素问》《伤寒论》《温病条辨》等几乎翻烂了。夜间睡在床上,他还挑灯看书,直到深夜,年久日深,床架的一角都被油灯烘焦了。贤惠而慈祥的母亲唐淑良常苦苦相劝,父亲这才熄灯就寝。这种励志自学、锲而不舍的精神,从小给我留下很深的印象。

父亲家教甚严,小学时代我每天除了完成课业外,父亲还要我读《千家诗》《古今诗自修读本》等;年岁稍长,父亲则要我读《古文观止》。我继承父亲的苦学精神,每天背一首古诗,写两三张大楷。盛夏时节,邻里小伙伴们都在阶沿门板上纳凉,我还一人在店堂里练字,非写满三张不可。大哥有些不忍,常连人带椅子把我"端"到店门口,在水沟边纳凉,听大人讲故事。

小学毕业后,因家庭经济条件所限,读不起中学,就考进了位于宜山的平阳县立简易师范学校,享受公费待遇。那时公路不通,全靠步行,几位同乡学友从早晨天蒙蒙亮出发,直走到伸手不见五指时才抵达宜山。第二天早上醒来,双脚板至少冒出五六门"大炮",走起路来一拐一拐的,但我总是咬咬牙,没叫过苦,第二天赶紧写封信寄回家,以免双亲挂念。

在平师,我取得全校书法比赛第二名,我的作文常被钱文玑老师在课堂上作为范文评讲,这对我是个莫大的鼓舞。

1949年上半年,平阳全境解放,平师停办,我中途辍学

刘基庙

在家，后考入桥墩镇平光语文专修班，从业师庄光波、颜觉非先生学古文。在这段时间，我经常往返于莒溪、桥墩之间，流连于家乡的一草一木，备受苍山莒水大自然美的熏陶。位于大峡山下的先祖刘基庙，更是我经常去参观瞻仰的地方。在这期间，我在业师指导下，学习了《卖柑者言》《狙公》《司马季主论卜》等名篇，对二十世祖伯温公的盖世雄才钦慕不已，对祖庙里众多名人匾额、楹联和明代壁画，这才开始读懂，越欣赏越有味道，久而久之，在我心中便萌发了苦心钻研二十卷《诚意伯文集》、撰写《刘伯温全传》的意愿。可惜庙堂里极具价值的彩色壁画、天花板画在"文革"中被毁坏殆尽，造成难以估量的损失。

1951年9月，在西厅乡学长郑元都和宗兄刘祥霖的促动下，我考入了远离家乡三百华里的福安师范学校（地处穆阳，后迁至赛岐）读普师班（相当于高中）。在学期间，我参与创作了《火烧赵家楼》和《二七风暴》史剧在学校上演。毕业后，先分配到福鼎县前岐小学任教毕业班语文，第二年被调任白琳区政府文教扫盲干事。

1956年7月，我参加全国高校统一招生考试，录取入哈尔滨外国语学院攻读俄文。第二年，高校部因全国俄语院系过多，做了调整，哈尔滨外语学院被并入黑龙江大学，我即转学到全国重点大学——复旦大学新闻系。在校五年期间，我系统地学习了中外新闻学理论和政、经、文、史、哲等课程,各门功课均取得优良成绩,还参加了办厂报、社报实践,到大报实习半年,在理论与实践两个方面为以后踏上报坛打下扎实的基础。

1962年8月,大学毕业,在同届八十多名毕业生中,我被《文汇报》挑中,旋即分配进该报社教卫部任记者,后因工作需要,调任要闻部编辑、一版主编,至今共历三十三年。

(节选自《苍南文史资料》第十一辑,苍南政协文史委1996年版,题目为编者所加)

从学徒到军旅生活

陈翔华

陈翔华
1934

曾用名陈强华,苍南县金乡镇城中村人。曾任《文献》杂志主编。长期从事《三国志演义》等小说戏典的编辑研究工作。著有《诸葛亮形象史研究》《〈三国志演义〉史话》等。

我出生在一个知识分子家庭。父亲名高樉(1897—1945),字仲贤,又字仲言,以字行,时人多称"仲颐先生"。他是一位名盛乡里的中医师。母亲杨氏(1904—1972)。我们兄妹四人:大哥翔安,中医师;二哥翔濠,会计;小妹荷仙,中学教师;我排行第三。在人生旅程上,最初对我产生影响的,当推父亲仲颐先生。

父亲专擅医术,闻名于浙闽间。他逝世时,乡里民众多来参加追悼活动,送葬队伍比其后不久金乡全镇举行庆祝抗日战争胜利的盛大游行要长得多。父亲逝世一年多后,甚至丽水青田一带山区病家还不远数百里前来寻诊。由于父亲名重一时,

金乡耆宿夏克庵在其修撰的民国《金乡志》(稿本)中为之立传。此传又载《陈氏族谱》,改题作《十七世仲贤公传》,其云:

公讳高樀,字仲贤。少习医,从同里徐松生先生学,熟读《内经》《素问》及张仲景《伤寒论》,兼习金刘河间李东垣诸家书。为人治病多奇中,踵门请诊者户限为穿。海通以后,西洋医术渐入中国,疡科肿溃诸病得炼制各药及刀针手术成效较著,而六淫七情之症及病源所在,非得中国古时治法不能疗除。公精心推究,不苟用药,尝取古时持效良方,精制丸散,以助施治,遇贫匮无力者,辄舍助药品,不取值焉。故尤为乡人信奉。公殁之后,以古法医者,遂寥寥无继其学云。

父亲是我十一岁那年逝世的,他平日不苟言笑,对我却有不小影响。父亲曾教导我说,一个人要成为有益于社会的出类拔萃人才,必须吃得苦中苦。还用古代悬梁刺股而成就业绩的故事来激励我。其实,父亲本身就是这样一个人。他四岁丧父,家道窘乏,年少时以发愤而获同里著名医学家徐松生的赏识,被收为学生。徐松生(1855—1919),名润之,号松龄,著有《松龄医铎》《黄帝针灸发覆》《华佗疡科拾遗》以及《道德经新注疏》《黄庭经新注疏》等行于世。清末民初,这位著作等身而造诣精深的一代名医,先后在温州创办"松龄医学院",在家乡开设"松龄中医学校",传授其医理医术。父亲以刻苦勤奋而终得其真传。学成之后,却淡泊于名利,从不敛财置产。至

1992年,金乡北门大街标牌制作店面

于应诊时,一向不问报酬之厚薄有无。对贫困患者,不仅不取诊费,甚至还往往自掏腰包为之支付药费。因此,在乡里间素有很高声望。

父亲的这些思想行为,给我留下了深刻的影响。

父亲过早地去世,又无积蓄与产业,家庭顿然陷入了困境。1947年冬,我勉强读完小学,便开始了学徒生活。我先后在三家店铺当学徒。初时在镇上一家布店,但不久该店亏损倒闭;继而去钱库油烟铺,亦因疾病而辞归。后来,在金乡的一家百杂货店当了学徒。在这家店里,平时冗杂的烦琐劳务已是十分忙碌,还要额外地到乡野田间去为店主所雇的长工送茶饭。日复一日,潦倒而受屈辱的生活,使我极为苦闷。父亲在世时,曾要安排我读中学;而我童年也梦想将来从事文学事业。早年的憧憬,此时却都成了泡影。但是,我并不甘心。在夜深人静时,我如饥似渴地阅读了高尔基、邹韬奋以及巴金等人的作品,寻觅自己的出路。我所在的这家商店还兼营邮政发行业务,为订户送报刊是我日常工作内容之一,这也促使我有机会从中瞭望家乡小镇以外的广阔世界。我不仅亲身感受到,也从阅读报刊中了解到,国民政府当局政治腐败,恶性通货膨胀日益加剧,广大群众生活水平急骤下降,民怨已达到沸腾的程度。当时的中国社会,正处在剧烈大变动的前夜。我还从投递的邮寄品中,无意而似懂非懂地读到了毛泽东《新民主主义论》《论联合政府》

等文章,心中产生了向往自由平等社会的朦胧希望。

1949年4月,金乡解放了。我参与组织并成立金乡学徒会,当选为常务委员兼学习部长,在小学教师的协助下,主办了几期街头大字壁报。到同年9月,便正式参加革命。

我初从金乡来到瑞安县城,在人民解放军第六十三师青年干部训练班学习社会发展史等政治理论。随队开赴舟山前线后,又转到六十三师卫生学校学习医学卫生知识及军事医学知识。经过系统的紧张学习,我以优异的成绩毕业,被分配到六十三师卫生处做防疫队工作。防疫队是一个新建单位,人数很少,主要从事部队防疫与卫生保健工作。1952年夏,我奉命发动与领导驻地群众的爱国卫生运动,还主编油印三日刊《南庄卫生通讯》,受到了嘉许。同年年底,随部队抗美援朝。我在志愿军六十三师野战卫生营,继续担任防疫员、助理军医等工作。1953年朝鲜停战后,我在朝鲜东部文登里鱼隐山一带的"三八线"北侧战壕里,除开展卫生防疫工作外,还进行"连队营养状况及营养缺乏症调查",为有关部门工作决策提供科学依据。1954年初,我从朝鲜东部前线经元山市到阳德郡云仓里,奉调到中国人民志愿军后勤部第三预备医院工作。不久,随队回国,驻扎在江苏省松江县城。预备医院是为准备解放台湾而抽调各野战部队有经验的医务人员组建成的,但后因形势变化而解散。我因希望升学而于1954年冬获准转业回乡。我在部队五年多时间，获学习模范一次，立三等功两次、四等功一次。

军旅生活期间，除了参加卫生学校以及多种短期医务培训班等以外，我始终不懈地坚持利用一切可以利用的空隙时间进行自学，以努力提高自身的文化知识水平。在出国去朝鲜前，我阅读了数以百计的现代中外作品，其中有《鲁迅小说集》《子夜》《小二黑结婚》《李有才板话》《新儿女英雄传》《吕梁英雄传》《太阳照在桑干河上》《暴风骤雨》，以及爱尔兰小说《牛虻》与苏联小说《钢铁是怎样炼成的》《被开垦的处女地》《恐惧与无畏》《保卫察里津》等等，还有冯雪峰《回忆鲁迅》、茅盾《创作的准备》、艾芜《文学手册》。这些小说与著述再次引起我对文学的浓厚兴趣，也为后来的事业打下一定基础。尤其是王士菁撰写的《鲁迅传》对我有较多的启示和教育，至今还能记得其中所述"生活太安逸了，工作就被生活所累"的话。在战火纷飞的朝鲜前线，自然环境十分恶劣，生活非常紧张而艰苦，我素来虚弱的身体也更疲惫。但是，我以坚定不移的决心与顽强的毅力，仍然有计划地自学，无论是在行军的间隙还是坑道里的油灯下。有一次，强行军通宵达旦，走到了离上甘岭不远的洗浦郡柏山里宿营地。早饭后，我抱铺盖到村外山沟一棵大树下休息。隆隆的炮声使我从睡乡中醒来，敌机已在头顶上盘旋，扫射下来的子弹正落在我身旁一寸的土地里。但是，我仍岿然地看着书。当时，我几乎丢弃一切"多余"东西，而随身挎包里装的主要是些书籍和日记本。不过,已不可能像在国内时那样广泛阅读文学作品与著作,而是精读数学、化学、物理学、生物学等基础知识,以弥补这些方面的不足。

(节选自《苍南文史资料》第十一辑,
苍南政协文史委 1996 年版)

苦海煎熬 励志发奋

刘际潘

刘际潘
1936

苍南县龙港镇（今龙港市）黄中村人。曾任海军舟山基地副司令员，海军上海基地副司令员、司令员，海军东海舰队副司令员。海军少将军衔。著有《刘际潘将军画集》。

    1936年2月19日（农历正月二十七日），我出生在温州市平阳县宜山白沙（现为苍南县龙港镇白沙村）刘南下大屋。父亲非常勤劳，除了租种地主田地，还帮人打短工，养活全家。尽管如此，家里经常揭不开锅，终年用番薯丝充饥，难得吃上一顿白米饭。由于劳累过度，加上营养不良，父亲积劳成疾，四十多岁就英年早逝，撇下我们母子五人，当时我才四岁。

    家里失去顶梁柱，孤儿寡母难以为继。经亲友撮合，继父走进我们家。度春荒（早稻收割之前），是农村穷人最难挨的时节，经常吃了上顿没下顿。记得有一年春节刚过，继父还带着我，到涂厂一户亲戚家借番薯丝。有时实在无粮下锅，母亲就给每人分一把做种子的蚕豆充饥。一小把蚕豆，哪能填饱肚子！饿得我肚子瘪瘪的，直不起腰来，只好跟着哥哥姐姐，到野外挖野菜充饥。

1937年，日本侵略中国。1939年，日寇铁蹄踏上我的家乡，我们更是雪上加霜，处于水深火热之中。在一段不短的时间里，我们几乎每天看到，日本飞机从鳌江方向飞过来，掠过头顶，向巴曹方向飞去，有时还用机枪扫射人群，离家不远的鳌江镇常常是轰炸重点。不管白天黑夜，一听到远处有嗡嗡响声传来，我们就要立即藏进竹林或稻田里，躲避轰炸。许多百姓拖儿携女、成群结队，由江北（鳌江以北）向江南或西部山区逃难。有好几次，我和妹妹跟在母亲后面，向着塘外涂园和盐场方向躲藏避难。更可恶的是还有一批伪军，他们有的是当地的地痞流氓，地熟、人熟，又了解百姓胆小怕事的心理，经常与日本兵勾结，狼狈为奸，无恶不作，烧民房，杀百姓，奸妇女，抢财物，大发国难财。

从1939年秋至1945年春，家乡大地兵荒马乱，群众无法正常生产，终日不得安宁，随时还有生命危险。记得当时，如果有哪个小孩哭闹，只要大人说声"鬼子来了"，小孩马上不敢哭，还会立即闭上眼睛躲在大人腋下，乖乖听话了。

我的童年，就是在这样的苦难岁月中挣扎着度过的。

八岁那年，一开春，心灵手巧的母亲，用自己织的灰色土布，给我做了件新上衣，用小碎布拼成一个书包，里面还放几根小葱（后来我才知道，"葱"字与"聪"谐音，希望读书聪明），领着我到白沙刘店盐工子弟小学，向一位老师磕了头，开始了我的学习时代。这位老师，就是我的启蒙老师马鸿福。

母亲管我很严，每天天蒙蒙亮就逼我起床，先读书，并且一定要念出声来。她不识字，如果我只动嘴不出声，轻者要挨骂，重者还要挨棍子，受皮肉之苦。晚上，我要坐在她身边，借着她纺纱点的小油灯做作业，背诵课文。因为她目不识丁，只要你念出声来，即使背诵错了也没有关系。不过，我还是认真背诵。我生性比较文静，不顽皮，就知道用心读书，成绩一直不错，几乎年年考试名列前茅，每个学期都得到一些学习、生活用品之类的奖励，家里人、邻里乡亲很高兴。

十一岁那年冬天，邻居小孩玩火引起火灾，把我家三间破草房烧个精光，全家只好挤在刘店村的破殿里过冬。第二年，我以最好成绩考取象岗中心小学高小班，由于交不出十五斤大米的学费（民国后期钞票贬值十分严重，用大米代替学费）失学了。当时，这个打击是多么巨大！

在我幼小的心灵里，有文化的人都是有本事的人，是高贵的人。我看到村里有钱有地位的人，都是有文化的，他们不是在本地当官儿，就是在外地开工厂、办学校，至少也是做老师或做技术工作的，子女不是在本地学校，就是在很远的地方读书，周围老百姓都很尊重他们，羡慕他们。对于理想，尽管当时我还很朦胧，但读书对我诱惑很大。我想只有读书，懂得很多很多学问，掌握很多很多本领，才能改变乡村的穷困面貌，才能使家庭和社会不受欺凌，只有读书，才是希望。

然而，一个处于糠菜半年粮的家庭，绝对供不起子女上学，我只有辍学在家干农活的份，不干农活就下海捕鱼捉蟹。

不要以为我才十二岁，年纪小什么也干不来，其实，我悟性好，努力肯学，对每一件农活用心体会，不是太重的农活都能做。我常到海涂上捉蟹抓跳鱼，卖了钱贴补家用。干这活我超过别人，在村里小有名气。捉蟹抓跳鱼要赶潮水期，还要走很多的路，往往天不亮就出发，天黑了才回家，在滩涂淤泥里艰难跋涉，一天下来，精疲力竭。

1949年，家乡解放了。第二年，农村办起夜校，书记、村长动员群众，特别是没有上过学的青壮年，都要上夜校学习。于是，我白天干农活，晚上坚持到夜校听课，可惜教的是初小课本，我都学过。后来，王时金老师与村干部商量，叫我来任教，我接受了，那年我才十五岁。此时，我仍渴望到正规学校读书，但迫于家境困难，只好白天干活，晚上教夜校。白沙小学黄永銮校长知道我的心情，派学生多次上门劝学，我也向父母苦苦哀求，得到兄长支持，终于在1952年春，重新加入学生队伍，插班在白沙小学六年级就读。

我知道复学的机会来之不易，没有翻身解放，没有父母兄长的支持，没有老师同学的劝学，是万万不可能重返校门的。我倍加珍惜这个机会，几乎每天是第一个到校，上课时特别认真听讲，目不转睛地盯在老师脸上，看着老师讲课的表情和手势动作，顺着老师讲课的思路思考，努力加深印象、增强记忆。这种聚精会神的样子，很是感动了教师，好久以后，他们还把我当作专心听课的典型，向学生津津乐道。那一学年的每一次考试，成绩均在优等，不是全班第一，就是第二。

由于学习好，又能尊敬师长、团结同学，老师、同学都很喜欢我，家里人也支持我。第二年，我以7∶1的录取比例，考入平阳一中，这是家乡学子梦寐以求的重点中学。

小学成绩名列榜首，不等于中学阶段也会同样优秀。平中的学生，是全县各地佼佼者会集起来的群体，况且中学功课多、难度大，一旦疏忽或顾此失彼，就难得门门优秀和全面发展。我好胜要强，暗暗下决心，一定要用最好的成绩向家乡父老汇报。我自知不比别人聪明，也没有特别好的学习方法，唯有靠笨鸟先飞的勤奋和刻苦，提前预习功课，听课全神贯注，不放过一个疑难问题，小组讨论踊跃发言、畅所欲言，课后作业独立思考、及时完成。

功夫不负有心人，在初中五个学期里，尽管我担任学校学生会副主席、主席职务，占去不少时间和精力，但成绩始终名列前茅，每学期均被评为三好学生。

　　学习本身是艰苦的，家庭的贫穷，更增加生活道路上的艰辛。我家离平阳中学有四十多华里，还要过一条鳌江，不可能走读，只能住校，这样就须有铺盖行李。夏天一张草席子还好对付，冬天怎么办？我就和另一位同学合计，我拿破棉絮，他出旧被套，两个合用一床被，我俩挤在一起熬过了三个寒冬。没有钱买箱子，就用一块旧布包几件破旧衣服当枕头，一举两得；没有钱买瓷脸盆，就请人箍一个木盆子。中学两年半，我没有穿过袜子。1954年夏天，我代表全校学生，参加浙江省在杭州市举办的中学生夏令营活动时，校团委书记看我太寒酸了，送给我一双袜子，我高兴极了，当宝贝一样爱护着。白天我没有穿过鞋，只有晚饭后洗好脚，才穿上木板拖鞋。

　　为了减轻家里负担，我常常利用星期天帮家里干农活，或到海涂上抓跳鱼什么的。要做这些，就得在星期六下午或晚上摸黑步行回家。有一次天黑赶路，高一脚低一脚，到家已半夜了，第二天一大早还要下田割稻子，直感到双腿肚子胀痛，估计是赶夜路伤了肌肉，我仍咬牙坚持下来。

　　我的吃苦精神、勤劳习惯，就是在这种艰难困苦的环境中磨炼出来的。

　　大多数情况下，人不能自由选择生存环境，但可以选择适应环境、利用环境，进而战胜环境。我的早期生活是平凡的，所经历的一切，也只不过是旧中国苦难生活的一个缩影。今天的青少年，不可能再经历我当年那样的艰辛，但期望人生之路一帆风顺是不客观的。人们常说，苦难是人生的老师，是宝贵的精神财富。我的人生经历使我深切感受到：艰辛生活的磨砺所养成的珍惜学习机遇、好学上进的习惯及穷而益坚、艰苦奋斗的意志品质，是生活的第一个导师，是我日后漫长军旅生涯中战胜各种困难的不竭动力。

所以，不管是处在顺境，还是处在逆境，都应该正视环境、战胜环境。生活条件优裕的青少年，应该珍惜良好的机遇，不要在物质的富足中消弭意志；而处境困顿艰难的青少年，不应该自暴自弃，而应以"天将降大任于斯人也，必先苦其心志，劳其筋骨"的达观积极对待，品尝逆境中奋斗的乐趣，这才是对待人生的基本态度。这种态度，不但是自我成长发展所需要的，也是时代和社会所要求的。

（节选自《刘际潘将军画集》，2015年版）

我的童年

梁祥济

梁祥济
1937

字荣川,号山野,苍南县宜山镇梁宅村人。曾任中国地质科学院地质研究所研究员。长期从事矿床地质和实验地质研究。著有《水-岩相互作用和成矿物质来源》等四部及《山野斋诗词选》《山野心声印足迹》。

啊!童年,悲惨的童年。我现在回忆起你,想用自己的笔来刻写你,总是压抑不住内心的伤感,泪不断地往下掉,打湿了稿纸,浸糊了字形。可是,为了追忆你,几次放笔又拿起,我想无论如何,要把你的苦水吐出一二。

一、父死母亡

夜深深,大地静了,人们都熟睡在甜蜜的梦乡里。独有我,我家的房间里还点着一盏半明半暗的菜油灯,床上躺着脸无血色,瘦得十分可怕,仅有二十七八岁的男人。他已经再也不能吸取人间的空气，再也不能与我们在一起了。这，这就是我的父亲。旁边坐着一位青年妇女——我的母亲，哭哑了的声音在抽抽泣泣着。一会儿贴在他的脸上想把他催醒，一会儿瞧瞧躺在地板上的姐姐，睡在床上刚出生不久的妹妹和靠在她身边的我，泪如水似的淌下来。她，她多么悲伤啊！当时我刚三周岁，不知道她在哭什么、想什么。我以为父亲是深睡着，谁知，永久不能和他见面了。

真是"风打无根树，祸降可怜人"。在父亲去世后第三年的新春，人们正在喜气洋洋地过新年，独有我和姐姐、妹妹三人围在母亲身边哭泣，母亲也病危了。她只有二十五岁就失去我的父亲，而且凶狠的祖母天天骂她"克夫"之命，她因这些，天天忧伤，积累成疾。我站在她旁边哭着，她含着最后的几滴眼泪，费了很大的力气，断断续续地对我说："孩子，你……你要……乖乖……听……婆婆……话……""妈妈！妈妈！"她，她不再回声了。从那时候起，再也看不见母亲慈祥的脸孔，听不到母亲温和的声音了。当时我只有六岁。

二、祖母丧命

秋风吹着枯黄的树叶瑟瑟地掉下来，灰黑色浓云弥漫着整个天空。啊，深秋了！我背着书包匆匆忙忙回家，到了门口不见一人，直到房间里，只见祖母躺在床上，已经不能说话了，只有妹妹守在她身边。祖母睁大眼睛盯着我，像吩咐什么似的。我深感祖母"内伤"发作病危了。因为去年年底伪保长来我家说："现在政府招兵，有丁出丁，无丁出钱买丁。"我家没有成年男丁，逼我祖母交了一些钱。事后，祖母去问村里一些类似的家庭，他们大都没有派款收捐。诨称"母老虎"的祖母在大年三十下午去伪保长家质问："为什么他们家没有收钱？为什么只收我家？"祖母连吵带闹到除夕晚上，伪保长大概为了"过年"图顺利，保平安，把收去的钱原数退还给她。过大年后不久，伪保长带警察来我家要钱，把我祖母打成重伤。开始借钱给祖母治疗，祖母稍好一点就不肯治了。后来她伤又复发了，时好时坏，越拖越重，到了秋季的今天不行了，当晚就去世了。我和妹妹在祖母遗体旁，号啕大哭。野兽们呀，你们为什么凶狠把我祖母打死？！苍天呀，你叫我们孤苦伶仃的两个孩子怎么活啊！

家，还像什么家呢，余下的是我和妹妹。屋内十分凄清、沉静，只有在百花盛开的春天，闻得见屋外四周树上一声声鸟啼；在太阳如火如荼的夏季，看得见从破了的瓦楞上漏射下来一个个铜钱大的日光影；在叶落霜降的深秋，听得见垂死前昆虫一句句凄惨的悲叫；在大雪纷飞的寒冬，望得见洁白无瑕的雪花一片片从窗口飘进来，飘进来。除此之外，再也没有什么。白天八岁的我和五岁的妹妹出入在田间劳动还可以，晚上我们俩在房内实在害怕。

记得那年春天播种插秧的一个下午,打雷下雨了,我和妹妹赶快跑回家。刚进屋,一阵从未见过的倾盆大雨伴着闪电和雷声就到了。我坐在背离边撑栋柱约一尺之隔面对妹妹,一起关门吃饭。忽听连续五声炸雷,像是就打在我们头顶上!还看到咸菜碗里落下火球,屋内闻到一股火烧焦味。我和妹妹吓得开门跑出,呆若木鸡地站在门庭前。不久雨小了,住在后面不远的一些村里伯伯叔叔跑来,他们看到五个巨响的闪雷全打在我家屋顶上,接着冒出五股浓烟,赶来看看是不是出事了。他们还说这几年我家先后死这么多人,一定是屋里有妖怪,这回是不是都打死了。他们点起油灯和蜡烛仔细搜查,看看有没有妖怪血迹,结果发现屋中五根柱子都被雷电从顶劈到底。幸好我坐着吃饭时没有靠在柱子上,不然就一命呜呼。我央求邻居祖母辈的老婆婆来陪陪我们,她也害怕,不肯来。那一天晚上我和妹妹再也不敢睡觉,坐在床上,含着眼泪,看着半明半暗的菜油灯光来回晃动,直到天明。

三、遇战遭病

1948年春天,由于国民党反动派残酷压迫和剥削,民不聊生,导致贫苦农民纷纷加入完全迷信的反政府武装——大刀会。伪平阳县县长张韶舞为了镇压"大刀会",调动国民党部队——匪军对它作战。匪军占据宜山山顶炮台,"大刀会"集结上千人恰好在我的屋东边池塘旁和屋后的一片空旷的稻田上。人们喊妻叫子、携老抱幼哭叫着向四周逃走,逃走。独有我无伯、无叔、无兄、无大人,对这突然而来的灾难,逃!跟谁逃?逃到哪里去?我和妹妹只好跑进屋内,关好门。跑到灶台后面,躺卧在烧火煮饭的柴草堆里,上面盖着棉被。我们很害怕,全身发抖。耳边能清楚地听得见子弹和炮弹从屋顶飞过的嗖嗖声;听得见"大刀会"冲锋上阵的呐喊声;听得见有人被枪子打中掉进池塘里的呼救声;听得见后面邻居房子中弹起火的燃烧人家哭叫声。突然一颗炮弹落在屋后田里发出震耳欲聋的巨响,人群惨叫后,听到屋东边和屋后的"大刀会"迅速退散,恐惧的声音也慢慢地停下来。过了许久,我探头出来,没有看到什么,我就来到池塘边准备提水,发现水也被血染红。估计"大刀会"死了不少人,因为这支迷信天神的队伍枪支很少,靠舞大刀前进。直到1951年春耕,我在屋后田里锄地翻土,还挖出了许多块炮弹铁壳的碎片。

我俩躲过了这一生死关,不如狗的生命总算活下来。谁知,不到几天,我就病倒了。整天躺在床上昏昏沉沉说怪话。开始时妹妹还能给我一点开水喝,后来她也病倒了。一家人一共只有两口人,而这两个孩子都在"鬼门关"附近徘徊着。村里人看见我们都流泪，并悄悄地说："这两个孩子实在可怜，怎能养得大呢？"后来，我已出嫁的姐姐和姐夫来了，请来医生诊治。因为家里穷，就只能治我的病，因为我是男孩，要传宗继代，而我妹只好听天由命了。结果，我吃了不少药，但每次我有意留给妹妹一口。我慢慢地恢复了健康，已被放弃的妹妹，也奇迹般地随着我活下来。

四、走向光明

"解放了！解放了！"人们对这个新词感到特别兴奋和温暖。的确，"解放"两字来之不容易、不平常。它，它，就是它，把我们苦难的孩子从火坑里拖出来；把我们贫穷的儿童从深水中捞上来；把我们无依无靠的孤儿从魔王手里夺过来。它，它，就是它，给家乡土地上带来蔚蓝的天空，温暖的阳光；把农民伯伯、工人叔叔推上政治舞台，当家做主；让广大劳动人民的子弟和千千万万的儿童享受上学接受教育的同等权利。

解放了，参加地下党的舅舅回到家乡，对我姐姐说："阿济，要给他读书，将来更好地参加国家建设。"此后不久，失学多年的我又背起书包上了学堂，戴上了红领巾。1952年我插班周家车乡中心小学五年级。学校离家较远，我每天早早起来，借烧饭柴草的火光看书，带着午饭走五六里路去上学，下午放学赶回来干些农活，晚上在菜油灯下做作业。在年末终于完成了五年级的学业。由于1953年中学改为秋季招生，当时离初中考试只有六个月的时间了，可我还没上小学六年级的功课呢。我因年龄偏大，不愿推迟到后年的夏天再考中学。于是在乡中心小学薛茂许老师和当小学教师的姐夫指导、帮助下，我用六个月时间自学完成小学六年级课程，在当年7月，平阳中学初中部招收六个班、三百名学生，我居然以排名第四十六的成绩考入，并享受人民助学金。

我由悲惨的童年进入快乐的金色少年，然后加入朝气蓬勃的青年队伍，走向光明。这一切我怎么会忘记，叫我怎么不感谢呢！我将永远感谢毛主席和毛主席领导的中国共产党。

啊！童年，悲惨的童年。你虽然一去不复返，但你的痛苦仍在我的记忆中，每当想起你，眼泪不由自主地往外流。我，我永远不会忘记你。

1955年6月写于平阳中学

（选自《山野心声印足迹：梁祥济地学杂文选集》，华夏翰林出版社2010年版。作者原注："此文系一篇初二命题作文，语文老师批注为'范文'，在班上朗读。然后，用钢板刻印发给初中各班，作为语文补充阅读教材。"）

我们讲金乡话长大

李秉彝　李秉萱

李秉彝
1938

出生于新加坡,祖籍苍南县金乡镇城中村。著名数学家、数学教育家。曾任新加坡南洋理工大学教授、东南亚数学会主席、国际数学教育委员会副主席。著有《广义黎曼积分》等。

李秉萱
1950

出生于新加坡,祖籍苍南县金乡镇城中村。现任新加坡三江会馆会长、新加坡中华总商会名誉董事、新加坡温州会馆名誉会长等。

金乡北门（望京门）

儿时，母亲吟唱的催眠曲是金乡歌谣："文昌阁，好种麦。麦开花，好种茶……"稍大时，母亲常常讲述她的梦，她梦中的场景总是从金乡城的第七巷开始……梦里那高大的城门，那悠悠的护城河，那可以游泳的水井……

我们先后到过金乡城，乡亲的纯朴热情，金乡城历史文化的厚重，金乡话的韵味，都让我们备感亲切。我们是讲金乡话长大的，金乡是父母亲的故乡，也是我们心中的故乡。

在新加坡，金乡话将在我们的下一代消失。正当我们扼腕叹息之际，殷作炎先生的一份手稿让我们喜出望外。

语言不是静态的，而是在不断的演化中，金乡城里话是方言演变的结果。中国十几亿人口所运用的方言数以千计，根据《中国语言地图集》的规划，中国的方言分布板块就像一个拼图，金乡城作为一个方言岛，在拼图中占据一个很小的点。如今殷作炎先生的《金乡话词典》正合时宜地将这一小块欠缺的拼图贴在大版图上，加强了大拼图的完整性。

殷作炎先生在厦门大学著名语言学教授李如龙先生口中是一位书呆子——只有殷先生才有那份执着和毅力，以数年的时间，呕心沥血地完成了一项前无古人的文化工程，编著了这本《金乡话词典》。

《金乡话词典》的出版，是代表父亲李思寅完成一项保护金乡文化遗产的心愿。相信这本词典也为中国历史与语言学界的研究提供珍贵的参考资料。

我们由衷地感谢殷先生，也感谢陈克勇姑丈和金乡镇文物保护办公室同仁的努力。

2007 年 1 月 18 日

（选自《金乡话词典》，金乡镇文物保护办公室 2007 年版，本文为"序"，题目为编者所加）

黄花时节忆父亲

苏春生

苏春生
1939

名畅,号雪堂,出生于重庆,祖籍苍南县钱库镇玉龙口村。曾任华东师范大学艺术教育系主任、教授,现任上海渊雷文化艺术基金会名誉会长。著有《黄山写生要法》《中国水墨山水画教程》等。

家父苏渊雷撒手人寰已六整年,金风乍起,又是黄花怒放的秋天,缅怀之情思,幽幽袭来。

想秋寒秋雨秋风的到来,应该是满眼叶红的天高云淡的季节,也是文人墨客面对绽放的秋菊,诗友三两,把酒持螯,赋诗挥毫,解衣磅礴,沉沦心底极乐之际,却再也无缘分享一个老人的音容笑貌。他就是我的父亲——时时出现于我的梦中。

父亲出身贫寒,一生聪颖,天资颇高,心胸宽厚,待人和善。他幼时好学,无人教无人管,读书每以第一名成绩而免交学费。十八岁的他,生逢乱世,中师辍学,嗣后就投身于大革命的洪流中,领导着家乡温州的学生运动。"四一二"戮杀革命志士后,他锒铛入狱，被关押在杭州陆军监狱七年之久。他常回忆起这段非人的狱中生活，调侃地说："我上的是'陆军大学'。"注释《易经》的专著《易学会通》，就是父亲二十五岁时，徒壁国民党大牢的阴森而写就的。

父亲一生精通文、史、哲和佛学，其学识，可以说是自学而成的，也是那么一个悲苦时代不得已的举措。他极其善诗、赋词、题跋，从十四岁所写第一首绝句开始，至今已作诗近万首之多。无论现实生活多么仄逼，条件多么恶劣，数十年的风雨兼程，伴随着他的创作从未间断，每有新构必吐为快。记得儿时的颠沛流浪途中，父亲一手抱我，一手执笔，依一盏小油灯在昏黄的光线下，吟诗反复推敲，直到深更半夜，吵醒家人。倾聆他浓重的温州乡音吟咏，我迷迷糊糊地迎来了无数个东方的晨曦。父亲就这样苦吟三叹，才达到现在出口成诗的地步。八十年代，父亲在四川眉山三苏祠参观时，应纪念馆之求题诗，他援笔立就，一时被誉为"当代苏东坡"，传为佳话。

父亲敦厚、慈爱，对子女从不打骂，连呵责之声也未曾有过，而为我们一点点进步即高兴非常，对同事、对朋友、对部下，也是爱护有加，有求必应，他从不计较个人得失与别人的长短，有时明明自己吃亏，也忍让再三。我们家人往往都不理解，有时对他责怪，但他总是淡淡地说："吃亏就是便宜。"他以这句淡泊名利的浅近话语，道出了他的人生哲学。当他逝世

民国三十五年(1946),苏渊雷与小儿苏春生在张良庙合影

后，在追悼会会场上，那么多相识不相识的人来送行，使我深深地体会到他博大的胸怀和悲天悯人的精神。

抗战胜利后，自重庆南下，无力购置船票，父亲带着六岁的我，坐在卡车上，辗转而下，途中经过陕西、河南等许多人文历史景观集中的地方，带着我访旧问古，采风作诗，一路上还选购了一些小型文物。车到河南一小县城内，钱用完了，无法前行。父亲就将购来的古董，再去摆地摊出售，后来卖掉一尊铜佛像，才解决了几天的伙食费，渡过了难关。到洛阳郊区时，想去对面龙门石窟，但有一大河相隔，水流湍急，父亲去参观心切，预备蹚水而过，此时我见水急恐惧而大叫，遂罢。后问村民，才知不可过河，曾有人淹死其中。几十年后，父亲谈及此事，还说是我救了他的命。

我从小喜爱绘画，父亲的许多画家朋友如江寒汀、唐云、钱瘦铁、张大千、吴青霞等等，经常在家中相聚，挥毫作画，诗酒流连，我常在旁边磨墨理纸，有空也学着临摹，父亲很高兴，鼓励我向父辈们学习，要勤学苦练，并写诗给我："金石诗书画本通，性灵才力两难充。虎儿扛鼎终期汝，积学毋忘计日功。""艺事文章标格先，堂堂父执尽尊前，儿今一一求师法，功力深时即自然。"写两首诗已经过去四十余年。许多先辈大师也已作古，可是自己在学识上长进不大，辜负了父亲的期望，想到这点,不禁惭愧万分。

为了继续父亲未完的事业,我们整理他的文集,在他逝世的第三年黄花时节,逢他九十岁诞辰,《苏渊雷文集》由上海人民出版社出版,以做对他最好的纪念,告慰他在天之灵。

(原载《文汇报·笔会副刊》2001年;
选自《泓钵集 苏渊雷纪念文集》,华东师范大学出版社2001年版)

求学时期

郭心正

郭心正
1939

苍南县宜山镇谢垟底村人。曾任浙江省化工研究院研究室主任、研究所所长,化工部消耗大气臭氧层物质工程技术中心副主任等。长期从事氟化工产品研究。

  我于1939年8月14日出生于苍南县(原平阳县)宜山镇谢垟底村。后随家迁往宜山镇一街居住。小学就读于宜山区中心小学。七岁上学,低年级时学习成绩很一般,高年级时学习成绩上升至班内中上水平。小学阶段我记忆最深的是1949年宜山解放,在老师的组织下,我们列队前往甲底,唱着《您是灯塔》的歌,欢迎解放军进城。1950年加入少先队,暑假在学校过夏令营生活,老师组织我们到温州市参观学校、发电厂、西山陶瓷厂,因此在那时我就开始产生长大要当一名工程师的想法。

  我很幸运,是全村第一个上初中的学生。1952年我以第二十二名的升学考试成绩考入宜山区中心小学附设初中班。这一学期我的学习成绩提高特别显著，学期结束时，学习成绩已列全班六十六名同学中的第一名，受到学校奖励，也增强了我学习成绩要名列前茅的信心。

1953年，县政府为保证教育质量，取消分散在各区小学的附设初中班，成立平阳二中，于是我离家五十余里到平阳一中读初中，在平阳一中读初中期间，我学习成绩稳定，一直是班内学习成绩总分的一二名，尤其地理、历史、数学、物理、化学，几乎每次考试成绩都接近满分，有一学期，六次代数考试成绩均为一百分。在初中阶段，我兴趣广泛，课余除了读文艺小说，观看体育比赛，还参加文艺演出。1954年夏，学制改革，一年内只秋季招生，于是初中只上了两年半就提前毕业了。那时，平阳县尚无高级中学，初中毕业后就近考入瑞安中学读高中。

高中阶段，我学习努力，仍旧是班内学习尖子，史、地、数、理、化门门成绩优秀。但对化学兴趣更浓，成绩更突出，由于曹振铎老师教化学逻辑性强，时时启发学生分析归纳物质性质的内在规律，我在这方面下了功夫。有一次，曹老师准备讲"分子的电子结构与物质性质的关系"一课，来讲课前先以此题提问，结果我把老师要讲的内容几乎都讲了出来，老师很满意。高三毕业准备高考填志愿时，十二个志愿几乎均为化学

1983年，宜山内河码头

专业。结果被天津南开大学化学系录取，于1957年9月赴天津读大学。

1957年是我国五十年代马鞍形发展的底部，全国招生人数仅十万八千人，远远低于1956年与1958年。高考之后，考生都担心能否录取,我虽感录取可能性较大,但以第二志愿录取,还是很意外。一接到录取通知书,高兴得去街道上就喊叫起来:"录取了,南开大学。"1957年中秋之夜到达天津车站,学校派车接我至位于南开区八里台的南开大学,校园内贴满了诸如"湖边杨柳迎风飘,欢迎新主人进南开"的标语,我看了很激动。

南开大学化学系在全国很有名气,系内老师担任科学院学部委员的竟有七八人之多。在那里我受到良好的教育,严格的训练,为今后的工作打下了扎实的基础。在那里我见到了来校视察的毛泽东主席(1958年8月13日)和周恩来总理(1959年5月24日),聆听了周总理的报告。"教育要为无产阶级政治服务""教育必须与劳动生产相结合"的教育方针,深入人心,为我指明了今后工作的方向。学校特别强调德智体全面发展,课余劳卫制锻炼开展得轰轰烈烈。"要为祖国健康工作五十年"的大幅标语横挂校园林荫大道当中,在那里我获得三级运动员的称号,体质大为增强,至今仍有充沛的体力参加工作。

大学阶段的学习总体上是系统地有计划地进行,但由于特定的历史条件,有一年多的时间间断学习参加勤工俭学。我不仅去过十三陵水库工地劳动、芦台农场割稻子、天津塘沽船闸修建及天津里中城地下水道修建工地劳动等,而且从1958年暑假开始参加一系列的科研活动。为向国庆十周年献礼,在老师指导下，十来个同学一起建设了一个铄、镓（稀有金属）车间，从矿石萃取出发，总算拿到了一小瓶金属镓。接着又被调至独居石综合利用车间，分离钍等放射性物质。1960年又参加了"原子弹爆炸后饮用水解决方法"的研究。所有这些，使我提早接触了科研生产实践，了解了科研程序与方法，开阔了眼界与思路，增强了解决实际问题的能力。

由于在科研活动中参加放射性物质研究的经历，所以分专业时被分配在放射化学专业。毕业论文内容为"原子弹爆炸后的饮用水解决方法"，虽属绝密课题没有公开答辩，但受到老师的好评。

由于1957年招生的成绩最好，重点高校欲留较大比例的毕业生在学校，故在国家统一分配之前，采取提前毕业的方式截留相当部分成绩优良的学生留校。南开大学也采取这个方法，单化学系就达四十名之多，我也在其中。因此从1960年7月开始我提前毕业，在物理二系担任预备教师，一边搞科研一边继续读书。后因高教部发现，下文禁止，从1961年11月起，又返回化学系读书，1962年7月毕业。毕业后分配在浙江省化工研究院工作，至今已三十五年。

（节选自《苍南文史资料》第十二辑，
苍南政协文史委1997年版）

思乡情

李成廉

李成廉
1939

苍南县桥墩镇西园街人。先后任教于鳌江中学、平阳一中、平阳教师进修学校等。曾任《平阳县志》副主编、《桥墩志》主编。著有《恋土集》。

"走走走走,走啊走,走到九月九,他乡没有烈酒,没有问候……"这是一首乡情很浓的歌,旋律虽豪放,但骨子里还是有点苍凉。作者系陈树、朱德荣。

故乡在每一个游子的心中,都是那么美好,尽管地域不同,家乡在每个游子心中的图像也各不一样,但怀念迷恋的心是共同的。我也是个少小离乡的游子,一走就走到了九月九。回想往事,青年时,少年气盛,学习工作,没有空闲去回味故乡;中年时,家庭负累,心身疲惫,也没有悠情去品尝故乡;现在,已是"蒹葭苍苍,白露为霜",走进九月九的行列,乡思忽然浓烈起来,且一天胜似一天。这并非"他乡没有烈酒,没有问候",而是乡山的青翠,乡水的清澈,乡村的平静,乡亲们和睦关爱,以及童年的无邪和欢乐,在心里不时涌出,如游丝,如梦魂,如春雨,如秋雾,连绵不断网在心头。即使现实生活中,心中的故乡再也找不回来了。正如台湾作家王鼎钧在《臣心如水》中写道:"不要瞒我,我知道,我早已知道,故乡已没有一间老屋,没有一棵老树,没有一座老坟,老成凋谢,访旧为鬼。如环如带的城墙,容得下一群孩子在上面追逐玩耍的,也早已夷为平地。光天化日,那是一个完全陌生的村庄,是我从未见过的地方。"即使如此,作者还是呼唤着故乡,思念着故乡。"故乡啊,使我刻骨铭心的故乡,使我捶胸顿足的故乡啊!故乡,我要跪下去亲吻的圣地,我用大半生想象和乡愁装饰过雕琢过的艺术品。你是我大地的初恋,注定了终生要为你魂牵梦绕,但是不能希望再有结局。"看来,浓烈的乡情确如美丽的怪物,它萦绕在心中,挥之不去,断之更流。它想象中清晰却摸不着。

我的故乡,古称松山,后称桥墩门,现称桥墩,在闽浙通衢的边界上。它曾经因水库出险而消失了,后又重新建设起来,但新建的桥墩镇,并非我心中故乡。故乡只能在心中寻找。它平静,牛、羊、鸡、鸭在街上与人同行;它热闹,三十六行行行都有,商旅挑夫穿梭往来;它很小,人口不外两三千人;它又很大,上海客商常驻此收购烟茶叶。如果要具体描绘它,应当是平水穿镇而过,把小镇分成南北两半,北边属三十六都,俗称三十六；南边属三十七都，俗称三十七，一座百余米长的六板长桥把它连在一起。在记忆中，三十六的街道较狭，房子也较低矮，除杂货、南北货商铺外，就是客栈，没有三十七热闹、繁荣。三十七的街道又被一条二十多米的溪流隔开，溪上也有一座桥，有一个奇怪的名字，叫天灯桥。天灯桥与平水长桥之间，不过百余米，是桥墩门最繁华的街道。房子是1945年日本败兵从福州去宁波过境时焚毁后重建的，整齐的一排排两层楼，商店、布店、南北货店、药店、点心店、米行、鱼行等等应有尽有，中医诊所、西医诊所也有好几家，还有一座杨府爷庙，建筑气势颇大，香火也盛。

小时候，最愿意去的地方自然是平水大桥了。当时，还没有公路，浙闽之间的物资交流自然是靠挑工，站在桥上，看着七八个、十几个一排挑工挑着货物，由一个背着雨伞的人押送着，或南或北地走过大桥，很是兴奋。桥上还有不少江南来的妇女，手里捧着鸡鸣布，在等待买主，更有一些卖糖的小贩及小食摊贩，特别吸引小孩。有一种糯米水磨粉糍团当中包着芝麻猪油糖馅，放在柚树叶上蒸熟，粉糍团晶莹如玉，柚树叶碧绿青翠，还带着一股香气，很是诱人口水。还有牛皮糖和裹了一层糖霜的油炸糯米猪口舌，在小孩眼里，如工艺品一样可爱。特别是夏天的夜晚，吃过饭后，女人们就到溪边洗衣，男人们则拿着一张竹席，占桥为床，纳凉谈天，说着神怪的故事。如故事动听,小孩是围着不肯走的,有时第二天还缠着要再来一个。偶尔三十六和三十七的小孩还会聚集在桥两头,对歌比赛。那时,桥两头可热闹啦,连大人们也在呐喊起哄,小孩们更是起劲,直到深夜,还不肯罢休,直到大人们领回家为止。有时输方还会骂粗话,甚至互扔瓦砾,然而从没有听到有人受伤。第二天,还是友爱如故,好像昨晚没有发生过争斗一样,又好像争斗被桥下的溪水冲干净了。

小时候,父亲忙于生计,对我的管束很少,除了背着书包上学堂外,其他时间是自由的,因而两条小溪流就与我结下很深的缘分。在深水的地方钓鱼,在浅滩的石头底下捉虾,其乐趣真是无穷无尽。特别是夏天的午后,在清清的溪水中游泳玩水,真让人有些乐不思蜀。直至天黑了回家时,因身上皮肤发白,挨了母亲一顿臭骂,有时,屁股还会有几巴掌的奖赏。然而到了第二天,依然故我,只是在上岸后,在岸边摸了一把泥沙在身上擦了擦,以示今天没有下水。有时也拾一把枯枝回家,放在柴仓里,以示自己去拾柴了,这竟也瞒过了母亲,自己也非常得意。有一次,四五个人又去游水,弟弟刚学会狗刨式,兴致极高,一下水就游到深水区,游不动了在原地方打转,又回头呼救。那地方可淹死过好几个人,大家都慌了,我拼命游过去,怕被他缠住,在他身后尽力气一推,总算把他推到了浅水区,自己却沉下去了,吃了好几口水。回家后,谁也不敢哼一

清咸丰三年（1853)修建的桥墩门大桥（平水桥）

声，而且好久不敢去游泳。

　　故乡的杨府爷庙，一年有两次庙会，那是很热闹的。一次在农历五月十八，是杨府爷过生日，另一次在十月十五。为什么会有两次，我至今不得而知。庙会时店家张灯结彩，接连三天走马灯、抬阁、唱大戏。还有一项活动则由三姓商家做东，送草船（瘟神）迎福神之类的活动。名称好像"祈福"。轮到送草船时各店家要在族内选出会武功又善跑的人，参加迎福神、送瘟神。谁第一个送去瘟神，迎来福神，是极光彩的。那时，方圆几十里内的人，都会赶来看热闹，小街真是人山人海，小孩自然也像过节一样高兴。

故乡多柚树。庭院前后都栽满了文旦、蜜柚、米斗柚等等，树也长得很大，很高。过了七月二十九地藏王生日，就开始摘柚子了。这时，小孩们都来到柚树下，看着大人们爬上树，一人在上边摘，一人在下边接，小孩们忙着帮他们把柚子堆在一起。摘完树上柚子小孩们就排起队，等主人分柚子。凡在场的都可分到一个，大人还可分两个。故乡还种甘蔗，制红糖。食用的甘蔗叫福州青，制糖用的叫爪哇。福州青蔗种每年要到福鼎买，自己留的种会退化，种出甘蔗就不粗壮，且味道欠佳。小孩最高兴的是砍甘蔗时，那是在下霜后的第三天，家家户户同时砍甘蔗。那时，小孩到田野里去，在每户的蔗园里，都可以讨到一根甘蔗，即使你手上拿了七八根了，他还是会给你的。小孩们讨到的甘蔗，直到拿不动了，才兴高采烈回家去。

稍后，田野里架起榨制红糖的棚屋。当烧制红糖时，又去讨糖螺吃，那是用一尺长的甘蔗在熬糖的大锅里，反复蘸几下，使甘蔗身上沾上一层厚厚的糖汁，味道好极了。然而这一切的一切，永远只能留在脑子里，空闲时自己给自己放映一部没有银幕的电影。因为1960年一场台风雨，冲垮上游水库的大坝，大桥随波逐流而去，街道及方圆十几里的房子也荡然无存，三百多条生命消失了。水退后，千年生聚的地方，成为一片卵石沙砾。田园没有了，树没有了，路没有了，家也没有了。然而活着的人仍顽强地生存着，经历了十年挣扎，十年生息，一个新的桥墩门又建造起来了，它比原来的更大更好，然而，我总是怀疑，它是我的故乡吗？它和异乡有什么差别呢？

　　故乡，他乡？他乡，故乡？故乡是什么？故乡是山，是水，是树，是人，在沉思中我迷茫，在迷茫中猛又惊醒。故乡是什么？是剪不断、理还乱的情，是童真，是友情，是亲情，是离情。如果去掉这个"情"字，故乡便是祖先流浪的最后一站，是第一个到此的祖先的异乡。走到九月九，我才读懂"故乡"两个字。看来，天下唯"情"最亲，唯"情"最深。

2004 年 1 月 10 日

（选自《恋土集》，中国文史出版社 2004 年版）

校庆随想

陶大钊

陶大钊
1941

苍南县霞关镇南坪村人。1962年从杭州大学体育系应征入伍。第二炮兵创作室专业作家。著有《爱的乐章——时乐濛传》《最先的较量》《将之梦》等。

想起来我很幸运，当年考上马站中学，比起今天北京考大学要难得多。据说那年录取比例是12∶1，而前几年我孩子在北京考大学的时候是1.5∶1，也就是说，北京一个半高中生中，其中就有一个将要跨进大学的校门。

那时候偌大的马站区，没有一所中学，连一个初中部都没有，许多本来天赋很好，也许是科学家、学者、教授的好料子，便失去继续上学的机会。这都怪我们国家穷，刚刚成立的中华人民共和国，得收拾从国民党手里接过来的烂摊子，亟须办的事情很多，拿不出那么多钱发展教育。

我幸运就幸运在赶上马站盘古开天以来有了自己的第一

座中学——马站中学，使我十分荣幸地成为这座中学里的第一批学生，我打心眼里感到骄傲和自豪。尽管只收初一两个班，尽管条件十分简陋，除了一幢平房两间教室之外，再也没有别的设施了，没有操场，没有图书馆，没有试验室，甚至连一个篮球场都没有，就连师生员工吃饭、睡觉，都是借宿和搭伙在外面，严格说它是不具备称其为中学的，但它毕竟又成了一所中学，一座以"马站"命名的中学，这就足以使全区的马站人引为骄傲和自豪。而且，它和区政府的办公用房同在一个院子里，没有围墙，没有栏杆，朝夕相处，相安无事。该上课的上课，该办公的办公，互相体谅，艰苦创业。区领导十分开明，兴教助学，与师生同甘共苦，没有架子，不搞特殊，至今使人记忆犹新，值得世代传颂。

确实因为困难太多，无力再办初二，我们母校只好忍痛割爱，把自己心爱的学子送往矾山中学继续就读。虽然时间很短，但我在这里学到的，却使我受用一辈子。

四十年过去了，我依然十分留恋在马站中学的这段学生生活。不知为什么，学校的条件那么简陋，生活那么差，谁也没有叫过一声苦，谁也没有因为学校缺少设备而提出退学和转学，相反，我们的家长把自己的孩子交给这里的老师，是那样踏实和放心，一种信任，一种亲密无间的真诚感情，把老师、学生和家长紧紧系在一起。马中既是传授我们知识、教育我们成才

1992年,马站中学教学楼

的学校,又是我们可爱、可信、温馨、和睦的第二家庭。

我从这里走进中学时代的大门。在这人生最美好的花季里,十分有幸地得到辛勤园丁的精心培育,得到金色阳光的沐浴,得到蒲江之水的滋润,为我今天的成长打下极其有益的基础。母校的培育之恩,使我终生难忘。

说来也怪,不管是在马站中学读书,还是在矾山中学学习,留给我印象最深的都是教我语文的老师,一位是马站中学的张文老师,另一位是矾山中学的徐珠莲老师,他们治学严谨,形象生动,和蔼可亲,平易近人,写一手好字,我很喜欢上语文课,我今天走上文学创作的道路,成为一位专业作家,跟当时受到这两位老师的影响,对文学产生兴趣是分不开的。

但是,有一件事使我感到十分后悔,而且将会悔恨终生。那就是在学校学习的时候,没有把普通话学好,拼音学得不扎实,直至今天,都半个世纪过去了,光在北京就待了三十年,还仍然说不好普通话,依旧带着一口浓重的乡音,就连与我朝夕相处的妻子,有时候都听不懂我的"普通话"。前些年北京作家来了个大换笔,提倡用电脑写作,既然提倡咱也来一台吧,于是便搬回一台当时还算先进的386,由于我的普通话十分糟糕,在使用的时候就不敢用"拼音"写作,只好用五笔字型。也正好被冯牧先生说中了:"你还是不用拼音为好。"

怪就怪当年在学校学习的时候,胸无大志,目光短浅,甚至觉得说普通话都有点不好意思,是在打官腔,能用家乡话表达,为什么非得卷着舌头说普通话呢?所以也就谈不上说得标准、说得好。标准一低,对自己的要求也就不严了。经过这半辈子走南闯北,深深感到普通话的用处实在是太大了,它的作用远远超过一般的感情交流。这是我没有离开家乡之前,所无法想象的。

说不好普通话,当然和没有很好掌握汉语拼音很有关系,尤其是浙江、福建、广东、广西这一带的南方人学习汉语拼音,要想说一口标准的普通话,比起北方人得付出更大更多更艰苦的努力。

本来不该在庆祝母校四十岁生日的高兴日子里,说这些不高兴的后悔事,但仔细一想也没有什么不好,也许能使今天的学友或明天的学友,从我这里得到一点启迪,我想,这也是进入不惑之年的母校所需要的。

(选自《作家自选集 陶大钊》,
解放军出版社 2010 年版)

限制的格子窗

姜玉铭

姜玉铭
1942

苍南县灵溪镇前蔡村人。曾任苍南县教育局艺术教研员、苍南县美术家协会主席。著有画集六部及小说集《曲解》。

在高速公路的入口处附近,原来有我的老屋,荡然无存也已有十来年了。每次当我乘高铁经过这一故地时,凭窗往外搜寻,但只能在一幢灰色的高楼下,对老屋的境况与人事进行回顾和想象。也自然而然地想起五间头我家格子窗。

我们曾聚族而居的老屋,是建在清末民初,七间正房两横厢。房族并不富裕,建造不讲究,梁桁上,只有几根云水曲线的装饰,窗隔或以冰梅图纹镶嵌,远没有近几年在外奔波所见到老屋的规格和古意。那些古村落,千门万户的大族群居,气魄宏伟的梁栋架构,瑰丽多姿的斗拱,花样繁杂的窗房,都能叫我痴想一阵。历史的斑斓和沧桑糅杂在一起。但几乎没有我老屋一样的格子窗的发现。

格子窗只是我家特有，我家住的五间头的窗户，二米左右见方，五厘米方正的小格密度聚集，是我家上下几代人，呼吸与光线的通道。我曾想象，这些小方格共有三百到四百个，是不是我一天只占一格的空间限制的提示。人总是在一定的限制中生存的。

透过格子窗，但并未真挚地相信和理解所呈现的世界为真实的存在。只是在屋里，由格子窗提供的光线，对世事做一缕一隅的解释。可以回想的是，我可以对对门板壁上的中堂六尺巨嶂式山水和两边的对联加以观赏。但我已记不清是何人所画，何人所书。这书画，只是挂了一段时日，父亲就小心翼翼地收起来，他说逢春气候潮湿不宜悬挂。我又想，父亲大概以为现时挂书画，不合时宜，大家为温饱挣扎，哪有闲情逸致去品赏字画，哪有心思去崇古思古。在"文革"中，父亲抖抖索索地在灶口烧了一批古籍字画，包括于右任所书的对联和郭熙的山水画。我总想象，那悬挂的字画是他们的手笔。

透过格子窗的光线，还可以看到一张贴在灶间和赭色饭桌隔档上的十六开大小的红帖，上面有我的出生岁次月份和姓名字号。那是我爷爷在我出生一周年，宴请客人时贴上去的。毋庸置疑，小红帖子上端端正正的字迹，是我爷爷的楷书。这小红帖，一直保存到我读小学的时候。于是我对它有了些印象。

格子窗分为上下两片,上片占五分之四,可以拉开并可横推到顶端,这样光线就可毫无遮挡地照进屋里。父亲可以在窗边扎糊庙会用的无常,无常很高大,比一层楼还高,全身白纸包裹,白晃晃。这五间头屋的阁楼边,还留下一个直到椽间的空间,高大的白无常快要顶到椽间了。

1949年,乡村庆祝解放游行,父亲在糊五颜六色的彩旗,格子窗则完全打开,外面的天空好像特别明亮,彩旗上"打倒蒋介石!""解放全中国!"的字,是大家念着,我得以认识的。格子窗内外的村人们,来来往往,我也在人群中不亦乐乎地奔跑,东瞧西望看热闹。

过了一段时日,父亲"踩田"(在水田里用足碎土)回来,把画杆(裱画时晾画的木杆)一放,他大概想到必须教我识字,便拿给我一本《五言杂字》(近查此书是一本以福州方言编写的五言通俗常用字民谣,明代就有)天天要我在格子窗下念"汇集诸杂字,劝汝初学生",当我念到"油盐茶酱醋",兴趣全无了。听人说要学认字,还有《大学》《中庸》,子曰、对曰之类。但父亲手头没有,或者认为不合适。读《五言杂字》这枯燥无味的书时,格子窗下的光线显得特别暗淡。

我曾有过坐在格子窗下,不吃不喝一坐就三天的经历。那是师范学校放春假(农忙假),天色阴郁,时有风雨。生产队里的叔伯们说,没有农活给你干。于是我从早到晚,面对一本手抄的二胡曲（我在读初中时，用了半年晚自修时间抄成的），用二胡翻来覆去拉《病中吟》《光明行》《二泉映月》，只觉得一天时光很快被琴弓推拉过去，并且可以茶饭不思而越来越进入状态。三四天内，琴声一直绵延不断，大约每支曲子都练习上几十遍。完全丢弃校方的批白专、政治赶考的要写大字报和啃政治读本的任务，骤然悟到，自由的天地和放松的状态原来就是在格子窗下，对二胡技能和音乐的领悟，必须独自一人在限制的寂寥的格子窗下。

暑假里看书，也只能坐在格子窗下，有时，窗外六七十岁的裹足阿婆打开遮头布下花白的发髻在用篦箕梳头，一缕缕飘过来带有菜油的腥味，通过窗格子夹到我的书页中，并时时和合着阿婆喃喃的自言自语，如"会收，收稻花。勿会收，收稻芽的""天上鲤鱼斑，晒谷勿用摊……"那时正是悬在堂屋外的广播喇叭传递刮台风的消息。几十年不曾到集市去的阿婆，可以在格子窗外，一天天度她的平静时光。

因为弟妹们渐渐长大，床铺一张张分出来，本来就不宽敞的家里越来越拥挤，我的床铺搬到格子窗下的木板上，白天竖起门板，收起棉被枕头，夜间又临时张罗铺开。

一个深夜，我由于饥肠辘辘，睡不安隐，外面雨声潺潺，听得有人在窗外有笃笃的轻轻敲响，然后听到小声说，开开窗。我起来，把格子窗的上片拉开一缝隙，那人在我手中塞进三个还带有微热的糠馒馒,我正如获至宝。他又神秘吩咐说,别说出去,我们三四个生产队里的人,才开完会,实在饿得受不了,到仓库拨些谷子,磨了做的。我轻轻说,知道知道知道。三个又硬又糙的糠馒馒,我咀嚼得津津有味。那种香喷喷在舌尖上的美感,是一辈子忘记不了的享受。这夜邻居经朝叔冒险救饥,并记挂我,更是一辈子忘记不了。

1964年夏秋,我姐姐在天目林学院念完本科,从杭州回来,正在家等待分配,一屋子的喜气洋洋。一家人合影,是一件极其隆重的事。早早从塘下村接来白髯飘拂的外公,大家问:在什么地方照相?我说:村口埠头也没啥意思,就在格子窗外吧。全家人个个都说好。

所以现在格子窗只能在一张有外公参与的全家福黑白老照片中作为背景看看了。

(原载《火花》杂志2018第3期)

吊壁灯

高　崎

高　崎
1945—2013

原名高其士，苍南县灵溪镇凤山街人，祖籍福鼎。1978年至1996年曾隐居乡野。著有诗集、散文集《复眼》《洗礼以来》《圣迹》等八部，主编诗选两部。

　　上山的路陡了，车内的人老想着轮子会否往后滑着，或想，越了这段路就会越过一个峰头了。可是心想未必事成，越过了路的尽头还是一个往上的转弯。山路十八弯，这是民歌唱登山的概词，实际登上吊壁灯村整整绕了二十多道弯，并且一直螺旋式地蹿上，直至一座具有印象主义色彩装饰的建筑物，才算抵达了终点——很意外，通往此山公路的尽头，竟是一座神庙。
　　吊壁灯终于给外人有太多的憧憬。这些憧憬藏匿得太深了，甚至逐渐变化为幽深的神秘。陌生，有时混合着诱惑与哲理。寓言冒出的那些哲理的烟团，有时使你亢奋得忘却了乌龟与牛蛙的互相吵嚷，为什么不说这事是荒诞不经呢？山区风景的荒诞，不像是一只蜥蜴跃出草缝那么随便的，它有它的百科全书一角的。我一边倾听着苍茫海涛，一边企图撕开海的皮肤去探究海的脏器有哪些未知或杂芜的成分。我莫衷一是。我对着一份版图沉思不已。这时海水如果湮没我的脚部，我觉得这是沉思漫漶的水到渠成。我抹掉海的痕迹。我想到与海相对的大山的另一面，一个山的背部，抑或山的心跳，这盏吊壁灯。

吊壁灯，负责任地说，不是一盏灯，它是一个村的名分，寨，或聚居地，在丘陵里离奇地埋没着。

这些村落的布局不是随意的，它的任何一座石屋落成便是大喜，同样是庄严的。它要关切朝向，冬暖夏凉，避邪，风水法，甚至人丁出入的忌讳性。它与每一条弯路的形成都不是随意，它与活生生的历史也是有无法割舍的缘分与烦恼的，有它的必然性与永恒性———直到我从这份版图上乍见"吊壁灯"这个细小的村名，我竟然慌忙觉得它非常灿烂，甚至是百年一遇的海风也没有能力吹熄它，这就好像博纳富瓦的低弱篇章里的一个杰出的诗眼。是的，它的当前是一个真实——"对于真实来说，它提供不了任何救援"。因为在空山鸟语里，真实是一种长久的暴力，然后才是一种休息。这好比眼下整个社会好像以为诗歌会无人理睬的时际，一个人坚持认为它的脉动将永世地奔跃着。因为一个人对精神领域的贪婪实际无多，假如存有一首喜爱的"诗"，一枝草，一点露，也就足够了。这个细胞不泯灭，

吊壁灯石屋

那么自己的灵魂体征也将活着。吊壁灯仿佛我于久违的山区寻觅时挖来的一首诗——类似蛇莓果儿晦涩的或非晦涩的——都令我瞩目着。

村子不大,离海不远。各户人家散落在冷僻的山崖一带。大批的竹树选择了自己的户主,像牲畜忽高忽低、忽忙忽闲地立在山地上。村庄只有剩下应该剩下的村人了。村人会说,大多数的人都到城里去了。他说的这句话有时候遇到风大,一旦吹走,连风也都苍凉了。草木依旧旺盛,方言没有变换,但是经年走人的房舍的瓦片开始漏光了。墙垣成墟。台阶长满鱼腥草、苍苔以及几只慵懒的蜗牛在游牧着自己。它沉浸在自己时光的唾液不能自拔。台阶以下是坡度,是石头路,路旁有时会冒昧地钻出山泉,不可一世。试想这座山间平素是怎么过日呢?泉水里很少见到鱼群。孩子也很少入水找鱼了。所以,流水也相当冷清,寂寞像阴暗的绿混乱地打在水上,一辈子也散不开。这是很痛苦的喜剧情节——连昔日秀气的水花都少言寡语了。那位老年的村人说,只有过年时节,平时四面八方的村人才集中在老家。同时,山坡上下的石屋,才弥漫起鞭炮,二踢脚的响声,还有繁复的酒香。粗嗓子四起,还有小孩从城镇带回的摩登玩具也互相比较着。这些春日村里几乎天天筛酒。酒话也汹涌了。谈起往日的世故,创业输赢的重压,得势的咧嘴,失意的哀叹,然后又撞了一下对方的海碗,咕噜咕噜,又是筛酒,硬是将自己灌得麻木了。麻木的最高境界是风止树晃。新年十多日以后,他们又陆续往城里走,非常自觉。吊壁灯确乎不是一盏灯,是村人年终神圣的旅舍。这个村子虽然山高月小,兽迹罕至,虽然也陈旧了,人如鸟,云如帜,拍拍翅膀飞出大部分了,但仍有村人坚持地住着。吊壁灯有风水,要不然,先辈逃难千里，也不会世代蜗居于这座深山的核心里。

不是吊壁灯村自诩，这个村出的男人棒实高大，女人水灵多媚。村人善文尚武。整村出过三十担书桶；男人入夜灯下都在厅堂比拳较量，每次操作拳母，伸出的双臂，块块肌肉拱起，且咯咯脆响，一脚砸地，尘土腾起回音。村人练拳都要达到这种地步，将俩小盏置于双腕上，手臂发力伸前猛击，拳风扬起而盏杯绝不跌落。所以，男人个个的身手十分了得。吊壁灯村的拳师是扬名方圆十里八乡的。今年秋日，我亲临吊壁灯走访着，以上这些话语是一位表嫂站在坡上告诉的。不像对谁炫耀什么，她什么也没多说，不述当地百年枫香林、石门、柳杉王。她好像信手指着的任何一座峰头那般自然地表白它的经典的。

村上的另一位年迈的教师还向我说起另一桩已经湮没的逸事。同治年间村上一崖顶，立有古亭。亭上刻有一对古联，其意曾经退倒不少各乡缙绅。那对联是"前是仙家偃草宅，后有云顶濯缨潭"。教师先生问我："这联文句，你懂得吗？"我说："你知道吗？"老先生说："这联有百年之久了，是我族庠生陈老太公出句的。听太公传下说，偃草指道德教化，如风过草伏已见成效的意思，这种'宅'的所在，当然是暗指此地是山高神仙的处所啰。濯缨潭是比方某人立志高洁、脱俗的所在。但这种崇尚当下人事翻覆不多见了。"老先生说罢，见我听后颔首，便爬坡登上另一个顶处，人影倏地不见了。半山上，我继续想，这帧对联许是古村先贤精深的明志，气度非凡，言而不虚。说真的，时下大隐的高德教化者杰行大德之士实在不多，这处村人外迁虽多，但遗志仍不消失，吊壁灯有这种火把式的箴言竖在山与山之间，其中瀑水千年，可说是濯缨潭式的村子哪。

吊壁灯不是一盏灯。它较量过风暴，也见识过消沉的尘世云烟。它究竟是什么呢，它前后的意象，恰是插在丘陵血肉的一把闪亮的骨头，淬过火，也浇过水。一个村再卑小，也有一个巨大的故事，即使一个男女也有一小段百年不遇的特别故事，这也就知足了。也是一个人认识着自己，只是为了"真实能够经受决定性的暴力"。对于吊壁灯决定性的暴力，是自然的艰辛与居山的清苦，是汲取了典籍的才质与南拳的钙质。幽深的吊壁灯村故事的确不多，它的故事可能让很多人流传过，经过各种嘴的交接，这种口述的繁衍允许它们混淆变形，甚至疑似抄袭，读者也应该情有可原的。坊间的许多版本是不能计较的。星火总是有吊壁的道理的。

（原载高崎的博客 2012 年 11 月 23 日）

下编

我的名字叫苍南

黄传会

黄传会
1949

苍南县矾山镇枫树坪村人。曾任海军政治部创作室主任,中国报告文学学会常务副会长。著有长篇报告文学《托起明天的太阳》《中国新生代农民工》《中国一个县》等十余部。2014年获第六届鲁迅文学奖。

亮出一张名片,

我的名字叫苍南!

居玉苍山之南,

蕴横阳支江之钟灵毓秀……

灵溪、龙港、金乡、钱库、矾山、桥墩……十九个乡镇像十九位兄弟姐妹,组成一个和睦大家庭;闽南话、瓯语、畲话、蛮话、金乡话,一千二百九十一平方公里的土地上,一百三十万人口说五种方言,在中国亦属罕见。

我的颜值蛮高哦,玉苍晨曦、鹤顶杜鹃、渔寮沙滩、矾都老矿、碗窑清窑、鲸头古庙、福德湾旧街……一道道风光美景,会让你流连忘返、叹为观止。单档布袋戏、道教音乐、蓝夹缬这些国家级非物质文化遗产，更会让你一饱眼福耳福。还有美味佳肴呢：螃蟹炒年糕、海蜈蚣烧咸菜、清蒸黄梅鱼、凉拌虾皮紫菜……真不是有意在馋你！

显摆一下我光芒四射的祖辈好吗？这里诞生了八名文武状元，养育了文章名世的状元徐俨夫、笔砚独步的王自中、诗名宋元的林景熙、国学超群的刘绍宽，走出了苍南道学和武学开山者林倪，还有名闻遐迩的数学家黄庆澄、姜立夫等。

苍南英烈甘洒热血写春秋。持续一百多年的宋代学子前赴后继斗贪官，可歌可泣的明代军民携手抗倭寇，轰动全国的清代"平阳三大案"反抗压迫，百折不挠的民国大刀会奋勇斗争，壮怀激烈的抗日民军司令朱程痛击日寇……

我的名字叫苍南。

民风淳朴，热情好客。口袋里有十元钱，恨不得请朋友吃一百元。早晨进小店吃粉干，两眼一扫，先把熟人的粉干钱付了。夜晚去理发，见有熟人，照样抢先付钱。我回乡探亲，多次"被付钱"。想表示谢意，人家已悄然离去。每每想起，温馨无比！

苍南人爱吃海鲜，三日不闻腥味，恨不得亲自下海去捞。

苍南人先订婚，再结婚。订婚酒不收红包，邀你白吃；结婚酒红包不全收，你送一千，他收二百，还回礼一包软中华。

苍南男人先买西服，再学打领带。

福德湾老街

苍南女人勤俭时一分钱会掰成两半用,大方起来却可以搭飞机去韩国美容。

苍南人诚信,借钱不用打借条,口头承诺即可。谁借钱不还,谁就没脸做人。有位"诚信老爹","桑美"台风夺去三个儿子,留下八十万元债务。他种菜、养鸡、拾废品,默默还清儿子的债款。老爹明晓,诚信比金钱金贵。

苍南人能吃苦。

改革开放初期,苍南人为了推销产品,踏遍千山万水,走进千家万户,吃过千辛万苦,说尽千言万语。

苍南人爱穿皮鞋,也能光脚;敢进殿堂,照样睡得了地板。苍南人人都想当老板,老板个个都从打工做起。

能吃苦不值得炫耀,敢创新才真算本事。

西北干旱,苍南人却去卖蜡烛。为啥?缺水,小水电必停,蜡烛自然抢手,这叫商业眼光。公安"严打",苍南人到监狱兜售棉被,监狱长惊讶:你们怎么知道缺棉被?回答道:犯人增多,哪能不要棉被?这叫商业敏感。大学刚刚开始招生,苍南人不仅设计好了校徽,连样品都准备好了,极受校长们欢迎。凡此种种,俯拾皆是。

苍南人"敢为天下先",这一个个"第一"便是明证:"中国第一座农民城""新中国第一家私人钱庄""第一家股份合作制企业章程""第一例民告官""第一条农民承包经营民航客运班机航线""全省第一个浙台经贸合作区"……

中国印刷之都、中国礼品城、中国塑编之都、中国井巷之乡……苍南已经走出一条独具区域特色的发展之路。

创新日日新,追求无止境。

我的名字叫苍南。

苍南拥有全国首个县级动车始发站。每天有五十七趟动车始发或停靠苍南站。你没来,苍南毕竟与你隔着山隔着水。

你来了,苍南的山,苍南的水,苍南人,都会成为你的朋友!

(原载《人民日报》2017年7月10日)

故园记忆

何 新

何 新
1949

苍南县钱库镇三石桥村人。著名学者。曾任中国社科院研究员，担任多届全国政协专职委员。目前已出版各类专著数十部，涉及政治、经济、历史、哲学、美学及传统文化等领域。

一

我身份证上的出生日期是1949年9月19日，但那是错误的，我出生在中国东南部浙江省东南角的一个小乡镇里，当时我父亲在京城任职。我出生后，为了给我在北京及时报户口，他似乎随意地估测了我的出生日期。1983年我回故乡探望我的祖母时，从她手中得到了一份书写着我父母出生年、月、日、时的家谱。从那个红帖子上，我才知道了自己确切的出生时间，应该是夏历己丑年（牛年）十一月初四，即公元1949年12月23日。

我的故乡是浙江省温州地区平阳县钱库镇（现属苍南县）。这是中国东南隅一个依山傍海的小村镇。

温州上古属于瓯越旧地，汉初所立东海王、勾践七世孙始建州城于此。东晋时称永嘉郡，唐初更名温州。温古音读"蕴"，音通于夷、越，温州似乎正是古越人的起源地之一。在二十世纪八十年代的经济改革时期，温州由于私营小资本工商业的勃兴，而闻名遐迩，成为中国市场经济改革最成功的样板区域之一。但在我出生的那个时代，这里却只是中国东南部一块荒凉落后的边远山乡。

从地图上看，温州地处东海之滨的一个海角，坐落在瓯江口上，面向温州湾。温州平原是一块几乎完全呈封闭状态的小平原。西、南、北三面被重重叠叠的群山所环抱，而东部面临大海。此地地理环境海拥陆抱，山明水秀，平陆则水网纵横。州境内有举世闻名的雁荡山、楠溪江等名胜之景。近代著名文士、作家朱自清有一首歌赞温州云：

"雁山云影，瓯海潮淙。看钟灵毓秀，桃李葱茏。怀籀亭边勤讲诵，中山精舍坐春风。英奇匡国，作圣启蒙。上下古今一冶，东西学艺攸同。"

这首歌词写出了温州的地理特点和人文精神。

二

　　这一为群山大海所封闭的地理形势,形成了温州独特的人文特点。在这块由于交通不便而长期与世隔绝的小平原,乡民世世代代聚族而居,他们生命的基本单位是家族与亲族。在传统的时代中,此地乡民们与温州平原以外的地区少相往来,很少人能有机会跨出这块封闭的地理区域。

　　从种族上看,在这块近乎封闭的土地上,却居住着来源十分复杂的不同族系。其中的一些族系是在历代中原动乱时期,自内地的不同地域为避乱而迁入的。因此在中国方言地图上,这一块仅方圆数百公里的小小空间,却是方言最复杂歧异的区域之一,几乎每一个村落都有自己独特的部落语言。

　　由于温州古称蛮乡,本地某些方言至今犹称"蛮话"。乡与乡甚至族与族间,彼此语言不通,风俗迥异,民风顽野而剽悍。许多远古的蛮俗、禁忌和巫风,直到二十世纪中期尚遗留保存。

　　我曾在民国时代的画报上见过一张摄于四十年代的照片,照片上是国民党军队镇压平阳暴动后的庆功纪念。在军官和乡绅的行列前,驾着机枪的场地上,陈列着数十个被砍下的人头——这似乎是古越人猎头风俗的近代显现。日本人占领浙江后,其兵锋直逼东南,到温州却望山而却步。

温州在历史上很少被异族所占领,由于此地具有与世隔绝的地理形势。故自晋唐以来,每当中原战乱,温州即成为中原世族避乱迁隐的世外桃源。而在外来"侨姓"与本地的土著之间,为争夺土地与生计,有时会发生世代相仇的械斗。

三

从家谱中知道,我家祖上本是于清末自福建闽南迁入钱库三石桥定居的侨户。何姓在本地只是一个小姓,但却世代都是读书做官的人家。到我祖父一代,家道衰落,家中仅余十五亩水田,佣人耕作。

我的祖父何成功,他的一生正如他的名字——尽管也曾努力,却几乎无所成就。在我记忆的印象中,他是一个身体懦弱、形迹懒散的老派文人。但长大后我才知道,北伐时期,他参加黄埔军校,是黄埔五期毕业生,后在浙江军队中任过上校团长,1946年抗战后归田。因祖传略通一些医道,晚年在乡里行医。1963年去世。

我的祖母梁氏,在性格上与我的祖父完全不同。她年轻时敏锐聪慧,虽身为巾帼却性格倔强,处处不居人下。凡不做事则已,做则期于必成。她一面恪守传统,处处依照传统的做人规范,另一方面又非常乐于学习新事物。她一生乐于助人,而

二十世纪七十年代,钱库老街一角

耻于受人所助。祖母与祖父的婚姻,正如那个时代大多数人的婚姻一样,是由家族决定的。婚后夫妻关系始终不和谐,祖母鄙薄不求仕进、性格懒散的祖父。

四

二十世纪上半期的中国,处在一个天崩地裂、迅速变迁的大时代。但祖母深受中国旧式儒教意识的浸染,在祖父外出飘荡的年代中,她独立挑起家政的重担。一面严课独子读书上进,一面对家业艰难撑持,甚至力图兴复。买田置地,攀当地强族为儿子联姻。结果,却使一个薄产之家(土改时原可定为中农,因田地并不多),在解放后土改时被划为小地主。晚年她寄居于解放军济南军区做军官的女婿门下,勤俭刻苦,带大了四个外孙。她一生食素,自奉极俭,夙兴夜寐。直到八十高龄,还在姑母家操持家务。九十二岁时抱病而坚持回到故乡后方辞别人世。

祖母一生遭遇各种逆境。但她很少责之于人,而总是严求于己,力求自我改变和寻求对新时代生活的适应。作为一个被社会所歧视的地主分子,小时候她却经常教诲我"要听毛主席话,跟共产党走"。这是极具讽刺意义的。从各种标准看,她都属于传统所谓"贤妻良母"的典型。然而她的一生遭际颇为坎坷。早年婚姻不和，解放后被划为地主成分，在家乡抬不起头。在一个社会、文化发生激烈大变动的时代中，仅仅凭个人的美德修养，既不能逃避也不能扭转已被生活所注定的宿命。

五

在我早年性格和精神的成长过程中，恐怕没有任何人比我的父亲，对我产生过更加巨大的精神影响。然而在性格与面对人生的态度上，我与父亲是截然相反的。

父亲在抗战中（1944年）考入设在重庆的中央大学新闻系，重庆当时是中国的战时首都。在这里，共产党领导的左翼学生运动十分活跃。父亲的不少好友，都加入了中共在重庆的地下党。在学生时代，父亲亦同情左翼学生运动，但他深受胡适"多研究问题，少谈点主义"的实证主义思潮影响，采取了一种对政治意识形态持超脱态度的中立立场，不轻易卷入政治活动。

1948年大学毕业后，由于面临失业，他回到温州。当时温州地区中共地下党组织的领导人之一是父亲的表兄，在他的影响下，又受鼓舞于时代的潮流，于这个时期，父亲参加了中共平阳区委领导的地下革命工作。1949年7月，他被党组织介绍赴上海转道华北参加了胡乔木主持的新华社总社新闻训练班。

1950年他由这个训练班毕业,而后被分配到《光明日报》担任记者,以后长期从事新闻出版工作。1956年他的级别即相当于行政十四级,在五十年代,十三级就是高干,以父亲的资历而定为这个级别,是一种破格,表明他的能力不弱。但直到"文革"后他才加入中国共产党。

父亲一生清高自持,洁身自好。他的人生格言是:淡泊宁静,独善其身。父亲为人谦和,而内心孤僻。父亲的性格与我非常不同。父亲一生谨慎安分,而我却从小胆大妄为,总是惹是生非。

六

1954年,我五岁。在这一年,我的生活中也发生了一个重大的转变。在五岁以前,我一直在故乡钱库镇生活在祖母的膝下,那时父母都已定居于千里之外的北京。

我出生后不久,我唯一的姑妈在高中毕业后报名参加志愿军入朝,离开家乡,祖父祖母身边只剩下我。家乡的风俗十分看重长孙,父母又不在身边,因此祖母给我的宠爱是无以复加的。

姑母到朝鲜后,成为志愿军的文工团员,后来在"组织"介绍下,与1938年参加八路军、当时在志愿军某部任团长的姑父相识,并于 1953 年结婚。姑父回国后在济南军区任作战部某处处长。1954 年春节,他们回温州探亲,受父亲委托,将我带到了北京。

在我关于童年的记忆中,至今仍保留着对我故乡田园风光的美好印象。门前一条清澈的小河,带竹篷的渡船,石板桥,水田和稻子,雨前的蛙鸣,山间的竹树,赤脚的农夫与卧在夕阳下的水牛……还有那些奇异的乡食,用酒酿拌的生海蟹,醉虾,各种鱼干,发过酵的臭冬瓜,大芋头,以及各种奇形怪状的海鱼和虾米……

童年的一大乐趣是跟着舅舅们下田里捕捉青蛙和蝗虫,或者是蹲在打谷场上看公鸡争斗,这些景象,到北京后都再也见不到了。

(节选自《孤独与挑战——一个共和国同龄人的奋斗与思考》,山东友谊出版社 1998 年版,题目为编者所加)

老账三笔

简少微

简少微
1953

苍南县矾山镇中岙村人。曾任苍南县史志办副主任、2014年版《苍南县志》主编。著有方言小说集《土声》，短篇小说《名声》曾被《中国文学》英、法文季刊分别译载，向国外介绍。

米　罐

米罐，竹管做成，一头有节，一头空心。早年间，我们村逐家逐户有。别看它不起眼，可还是请做篾师做的呢。有讲究的人家，便将米罐染上色调，葱绿色的也有，枣红色的也有。平常时，米罐量米用，碰到紧要关头，就用来治病了。

山里人，番薯丝是主食，凡来客了，才用白米招待。要是时节不对头，小户人家的米瓮里打得开拳路，就到隔壁邻舍借米应急。谁家有白米，从不隐瞒，一听，说有，赶紧拿出米罐，问，几罐？答，几罐。主人家笑头笑面的，将米罐摆平，便伸手抓米，一把一把抓进米罐里，满了，尖了，装不下了，才倒过去。过几天还米的来了，主人家赶紧拿出米罐，问，几罐？答，几罐。主人家笑头笑面的，将米罐摆平，便伸手抓米，一把一把抓进米罐里，满了，尖了，装不下了，才倒过来。

各家的米罐大小不一式，可有一点是共样的：都比蜡烛长。这，跟米罐的另外一个用途有关——治病。准确地说，是米罐作为一种工具，用来吸水汽。

我们村有个老古套，谁淋了一身雨回来，肚子胀气了，不用打针吃药，单门用米罐、蜡烛吸水汽。

米罐、蜡烛吸水汽挺见效。胀气的人摊手摊脚躺着，剥掉外衣外裤，裤头拉到肚脐下两寸地。叫亲人相帮，蜡烛点上火立在肚脐边，再用米罐扣下去。按几按，翻过来一看，蜡烛熄了，罐内边壁水淋淋的。擦干。再原旧吸几趟，肚里水汽就消了。老辈人说，是米罐内热气起作用，它通过肚脐眼，吸了肚里的水汽。

像这样治病的法子，蛮多。一来灵验，二来省事。凡是小病小痛的，村里人没人会想到医生。不是出不起药水钱，是没那个习惯。再呢，吃药怕苦，打针怕痛。村里有个人名儿，按辈分，我叫他儿叔。儿叔长得跟黑李逵一式，还有几手拳脚功夫。那年他五十出头，刀使过，棍舞过，偏见不得医生手里的一根针。六月天，卫生院到村里打预防针，他吓得脸都走形了，逃到后门山躲了几趟，还是过不了关。不打不行，不打拿不到卡片，出门上不了车。为了得到"通行证"，末后一趟他没逃，横了横心，打！他左手叉腰，脸往右边扭，嘴就有点歪斜。医生夹起沾上酒精的药棉，朝他臂上一抹，他就皇天三戒地叫起来，说疼得没命。

儿叔这样的人，少说也有过半。这一来，米罐吸水汽的法子，就一年一年传下来。

没想到传不了了，断了。这是近年的事。

现今村里的年轻人，穿戴做派，专照电视里那时兴样子。小伙子说，米罐吸水汽是野路子，不正宗。大姑娘说，要是被男人瞅见，以后出门，得买个面壳遮起来呢。他们死活不肯用米罐吸水汽。要是淋了雨，就上卫生院，去买药吃，去打针。

慢慢地，打针吃药就"传染"开来，连上了岁数的人也染上了。农忙时节，做了几天农事，总觉得骨头骨节痛。一忖，呦，该进补了！衣衫朝肩头一披，摆浪摆浪地飘进卫生院。出来时，神头十足，凡路上碰到人，便大大声说，去吊葡萄糖了！显得"英雄"无比。

村里再没人借米应急了，白米成了主食。来客时，就备办时令果蔬。

米罐统统换了样，换成塑料的，换成铁皮的，五花八门，挺洋气。

下趟回村，我要请做篾师做只米罐，带到县城来。

收　账

日子水一样流过去，又快过年了。

年关一到，收账的户主就忙起来。我们村那一带，凡收账的，除了开店的外，便是木工啦，泥水匠啦，裁缝啦，剃头师啦那些手艺人。平常时，谁家请人做手艺了，一般不付现钱，十有八九赊账。赊账成为习惯了，就连请看病先生呢，也不例外，针打了，药开了，主家说一声先记一笔啰，就送客出门了。总之，除了做法事，褴公的钱赊不得外，其余什么人什么钱都好赊。这一来，一年到头赊出最多的就算开店的了。

村里小商店多，我们村就有四五家。每个店备着一本账簿，谁买了货，店主就捏起笔，在账簿上画，某某人，某月某日，多少钱。不用买货的人签字按指印，也不用叫他看账目，店主记下算数。自然，店主不会黑心黑肺多记，买主也不会烂肠烂肚赖账。有时节，来的是小孩儿，点了油盐醋后，还要拿些糖糕饼堵嘴孔，末后说，记一笔啰。店主问，你爸是谁？小孩答，我爸是谁。整个村方圆不过五六里，论大人自然个个是老相熟。店主照记了。一年半载后，登门收账，店主一提起，主家赶紧付钱。

收账顶讲究套路的,也算商店。大年三十吃过年夜饭,店主就提上标明店号的灯笼,点起红蜡烛,一二一开步走,收账去了。进门后,有时不凑巧,灯笼里红蜡烛熄了,这就背运倒灶了,不能收账啦,只好空手打回转。当然,这样的事,不多。正常情况下,店主提着红灯笼,收账还挺文理,先是文文地笑,讲上几句空碎,过后再掀开账簿,一五一十结清。要是主家还未备好钱,情有可原的,店主就会挺客气地说,等一下再来算吧。开脚就走,走向另一家。这样一家家一户户收,一直收到子时鞭炮声响起,新年一到,不管收齐没收齐,一律不再收了,老账放着第二年结。

这事出在早年,现今无灯笼了,摸夜路改用手电。不过,村里还兴赊账,年关还兴收账,跟早年没什么不同,不同的是规矩给那么几个赊账户弄坏了。那几个赊账户,家大业大,水深着哩,偏偏无心还账,一天拖一天,想等有了闲钱再说。什么时节才有闲钱?什么叫闲钱?鬼晓得!年关一到,收账的进了门,他们就厚着脸皮,叫苦连天,千声万声诉起苦情。收账人一论理,他们就女声女气辩白,还拍着心头三寸地,对天起誓,把祖宗十八代都骂了。收账人看看无指望了,再等下去也是枉然,只得退出门去,叹一声:前生欠了你的债哟!

这样的收账人,都是善心善肠的。碰上心硬的呢,就休想过门了。收账人早防着一手,专挑吃年夜饭的时分上门,一进屋便掀起桌罩，细细看了一通，就变着声调说，这年过得挺好嘛！算是先堵堵主家的嘴，把前面的路封死。接着，不管主家怎样叫冤叫屈，怎样装死装懑，收账人就是不理，面孔板得铁青，半丝不客气。过了一阵，看看主家还是那个死性，一肚子鬼画符，就横下心了，袖头一抹，不管是粮米，还是应用物件，搬过来作为抵押，扛上肩头咚咚咚出了门，骂骂咧咧走了。

像这样撕破脸皮的事，少。少归少，可话一传开，就不好听了。不过这不要紧，年一过，被搬了物件的户主还是去老店买货，还是赊账；老店主还是卖给货，还是记账。

赊账原旧那样赊，收账原旧那样收，年年安然无事。

记　号

我们村有个古规，凡记事认物，都有记号。这古规，祖公爷传下的。什么年代传下？无人晓得，老人们也说不清。总之，古也好今也好，这带的人个个守信：凡物事做了记号，就是有主了，谁也不会动它一指头。

我们村生在山岙内，是一个穷山村。这一带四面是山，田地分散，农民上山做半天农事，就得移几个部位。随身带着的斗笠、蓑衣笨重，带上带下不便，他们就随手放在田边，压上一块石头，不管了。压着石头，就等于做了记号，表明这物事

昌禅山脉

是某人放着的，不是谁忘了带走。有一趟，犁田好手阿道，犁好自家田亩，看看对面山的阿浪忙得半死，就过去做帮手，帮他犁一气。歇手时节，天晚了，加之牵着牛，麻烦，就贪便偷懒，走近便小路回家，也不去取蓑衣了。几天后，下雨了，他在屋里找蓑衣，搜遍角角落落也没找到。不想，十外天后上山，一看，那蓑衣，还安然地躺着呢；那石头，还死死地压着呢。

这里山多，连十来里外的双剑山、龙井山，也归这个村。不知甚因由，这带的山一直不分到户，全村共有。年年七月暑热天，"柴枷女"就一拨拨上山了。哪片草地山草肥，谁看上了，就号下来，这叫作号"草位"。草位的号法是：在草地左首割开一条路，丈把远，割倒的草归在一起，放倒。再绕到右首，割过去。有了草位的记号，谁也不会侵犯。

远处的山属集体，就近的山归私人。这一来，村里蛮多的户，就近都有竹山。开春和入冬时节，竹山上就有景致：凡是出土嫩笋，旁边都插着一根竹枝，也有的顶部结成一个圈。笋未钻出呢，只要地皮裂开一丝丝缝，也插着，也结圈。这个圈的意思是：主人的笋，要留着大，不许起贼心，谁偷谁挨骂。有竹枝放着步哨，别人就不敢挖走。有趣的是，谁挖走笋，只要留下相当的钱，就骂不到他身上了。这里边有个故事，说某年某月某人，来了客，拿什么招待呢？笋。可惜，一时买不到。想想，就扛起锄头，出门挖了一根来。主人晓得了，骂，骂一气消消火。骂到半路，停住了，想想某某人是有名的正直人，怎会起了歪心呢？赶紧扒开笋坑，一看，坑里埋着钱。

这些记号，都是用来表明物有主的。还有一些记号，是防偷的。比如户外放谷，打谷印。早年，有生产队，秋收时节，谷子一时分不到户，就堆在宫庙的厅堂里，打上谷印。那谷印圆口的，大小与酒壶差不多，也有"把"。里面装着白灰，一压，白灰漏下，现出的有"谷"字，也有"印"字。要是有贼偷了谷子，谷堆上的谷印自然就消失了。照常理说，这种防偷方式未见得巧妙，贼怕谷印消失了作甚？可偏偏那年头，秋夜户外放谷，都由"谷印"看管，听说过谷子被偷了吗？

村里的人，就这么守信。能一直守下去吗？

现而今，情形不一样了，比如谷印，就失去了威力。

（《米罐》《收账》《记号》分别原载于《温州日报》1993年8月18日、1994年1月12日、1995年4月19日；选自《苍南文学二十年·散文卷》，青海人民出版社2002年版）

精神家园的奠基

洪振宁

洪振宁
1954

苍南县矾山镇内街人。曾任温州市社科联副主席,现任温州大学温州学研究所所长。长期致力于温州文化与温州经济互动发展研究。著有《温州文化史图说》,编著有《宋元明清温州文化编年纪事》等。

每个人都应当有自己的精神家园。

我认定自己构筑精神家园的奠基地是矾山中学。

小时候,受大哥二哥的影响,我对矾中心驰神往。大哥在家说起矾中的老师,话语颇多,神情敬佩。二哥从学校回家后,心似乎还在校园里。大哥怀着不能继续读书深造的怨恨去做工,二哥中途停学挥泪去"支边",他们对矾中的断情残梦,当我续、该我圆。但那是在"文革"疯狂的年代。我小学毕业后便与大家一样中断学业,直到1970年春才踏进矾山中学的校门。小小年纪,已是几经沧桑,再也没有那份本该有的感动,不懂得知识的价值,更缺乏"精神不在家"的痛苦,倒是染上那个年代红色的疯狂。直到今天，重访矾中时，既感受到亲切回忆触抚心胸的欣慰，又经受着灵魂久被煎熬的灼痛。我对矾山中学的感情，不能不烙上那个年代的印记。

在校那几年，疯狂的历史倒退还在继续。生在现代的人却缺少现代意识，文明的时代却剥夺了文明的生存。老师一心想多教给我们一些文化知识，无知的我，脑袋长在肩上，却不知它干什么用，尽做些愚昧和荒唐的事，如罢试，听人胡言而伤害同学的自尊和感情，不懂得尊敬老师，偏激到似乎疾恶如仇而不懂得尊重和团结同学……留下人生的一段印满泪斑血痕的有悔年华。假若有来世，能再写一次青春，定抛弃那不该有的"火药味"，而在每一页上大写绿色和平的"爱"，满嵌一串串深深的"求知"脚印。

在校那几年，还是老师，掏心把手，教我读书，教我思考，教我作文，使我初步知晓生命的可贵、知识的价值、生活的意义。我后来对书籍的癖好，对诗画的初知，对文章的了解，对人生的执着，对理想的追求，都是从那时起步的。还记得是陈老师艰辛地打开他那历经磨难而幸存的藏书柜，让我读到了现在遍地皆是可当时踏破铁鞋难以寻找的世界文学名著，还记得邵老师每年暑假从上海为我背来沉甸甸的新书，还记得张老师特别的家访，语重心长时的神态，黄校长热心的询问，包老师亲切的笑脸，夏老师对作文的批语，郑老师激动的演讲，李老师"少

2008年，洪振宁重返矾山中学

而精的睡觉""哲学"……，使我开始了人格、人性、人生的建设，开始了真正的生活。他们的人格影响了我的成长，他们的知识修养教导我成熟，使我从那个年代的疯狂、荒诞中走出来，懂得什么是爱，什么是人，什么是理性，什么是精神生活，体会"意义""痛苦""羞耻"……，一句话，精神家园的构建是从那时开始奠基的。

如果说，出生后的人挣脱了众多的动物性樊篱，开始建构真正属人的理性精神、情感世界，是人的新生、人的"重生"，那么，老师，就是"重生"的父母。而在那兽性疯狂膨胀，人性备受摧残的年代，他们自己的心灵和肉体经受着苦难折磨，却带给我们欢乐和幸福；他们代表着时代痛苦而觉醒着的"良心"，体现着那个年代极其难以寻觅到的人的"价值"。

历史不该重演，也不会重演。

如今，我的儿子已进入中学，愿他珍惜这幸福的时代，多求知，勤探索，做一个有理性精神的真正的人，求真求善求美求健求富，全面发展。

尽管今天，商品经济、市场经济的袭来暂又诱发了"读书无用"论，于是，读书热、求知潮时涨时消，短视取代了长远，物欲代替了精神，学校不时遭受不该有的"热闹"中的冷落。但是，人们毕竟"很有沧桑感"，明白人越来越多了。思想是无价的，知识是无价的，人的情感是无价的。校园，给我们展现的绝不是那种鼠目寸光者眼中的现世钞票，而是一种精神，一种情趣，一种走向，一种享受，一种用金钱无法衡量的，取之不尽、用之不竭的财富。

"最大的征服是对无知的征服。"

"真正的变革是思维方式的改变。"

新的世纪，即将来临，人类将迈进以知识产业为中心的脑业文明时代。二十世纪的人类实践中，以科学技术和市场经济为支柱的工业文明得到了前所未有的发展，它一方面以十分醒目的方式展示了人的自由自觉的和创造性的本质力量,另一方面则以震撼人心的方式裸露出人受制于自己的造物、走向异化的历史困境和命运。力图摆脱困境的人,不得不建构自身的精神家园。知识、智慧的价值急骤提升。知识不但逐渐成为推动未来经济社会发展的动力,而且对人的全面发展的作用日益明显。当前世界经济结构中,能源、资源、资本的作用相对降低,而人的智力、创造性成果的价值相对在提高。最大的资源是智力,最大的财富是智慧。当今世界贫富的差距就是知识的差距。谁握有大量知识,谁就能在未来的世纪中获胜。而真正的获胜断然不能没有人自身的精神家园的构筑。于是,教育学(人的全面培养)将成为最诱人的学科,终身学习、终身教育成为人所必需。学会生存,过好日子,就必须拥有知识,掌握智能,并尽力消除"异化",构筑精神家园。现在正日益进步着的矾山中学将在迈向二十一世纪的征途中发挥更大的作用——请母校接受我这衷心的祝愿。

而作为学生的我,也不会停息自身精神家园的构筑,"生生不已""自强不息"。"海到尽时天为岸",有限生命,追求无限,"知其不可而为之",这就是人的精神。

1995年8月19日匆匆为矾山中学四十周年校庆而作

(原载《温州人》杂志1995年10月号)

感恩灵中母校

叶志镇

叶志镇
1955

苍南县藻溪镇白坟村人。1974年毕业于灵溪中学。现任浙江大学材料学院教授、博士生导师。2019年当选中国科学院院士。长期从事氧化物半导体薄膜制备、物性调控与LED应用等研究。

    母校灵溪中学于1972年春创办高中，使我有幸成为学校首批高中生。

    感恩母校灵中，教给我们高中知识，为我学业发展提供重要阶梯。如果四十五年前我没机会在灵溪中学读高中，"文革"后恢复高考时我也许没那么幸运能考进浙大；没进浙大，我后半生的本科、博士、留学美国的学业生涯无从谈起，浙大教师职业道路也就不存在。所以，我感谢母校灵中给我提供宝贵的高中学习机会，使我后半生多彩的学习与工作生涯成为可能。

    感恩母校老师，他们不仅教我们高中基本知识，而且教我们如何做人。即使在那个特殊年代,灵中教学条件那么困难,基础设施那么薄弱,而给我们上课的每位老师,不管是教语文、数学、英语,还是教物理、化学、生物,甚至是教体育的老师,他们是那么认真敬业,那么爱学生,我们不仅学到高中知识,而且更懂得老师职业的高尚。这里要特别指出的是我们班主任王一川老师,他关爱学生有加,师生友谊几十年如一日,难能可贵。最使我难忘的是学校教务处的宋老师,当年在我交不起学费和书费时,他曾热情帮助过我。所以我感谢母校教过我、关心帮助过我的所有老师。同时,我也非常感谢我的高中同学,几十年如一日,关心、鼓励与支持我。

感恩母校灵溪中学,为我打开了认知世界的窗口。我在灵中读书时,有机会在图书馆阅读了《十万个为什么》,让我很早就知道一点科普知识;有机会阅读化学、物理课外书,让我知道了门捷列夫在梦中发明元素周期表的故事和居里夫人玛丽发现镭放射元素曾两度获诺贝尔奖的奇迹;还有机会阅读了《共产党宣言》《反杜林论》《王阳明》《荀况、韩非子的先秦哲学史》《鲁迅全集》等书籍。母校的图书馆为我打开一个了解科学知识与人文历史的重要知识窗口。

离开灵溪中学四十三年多了,因受惠于母校自己事业有所进步,我要感恩母校对我的培养,要感恩这改革开放的伟大时代。

2010年,灵溪中学教学楼

今年是母校六十华诞,六十年来她为社会培养了一大批有用人才,取得优异成绩。今天因社会进步母校有了很大发展。但愿母校未来更辉煌。

(选自《灵溪中学六十周年校庆纪念册》,2017年版)

藻溪，母亲的河

张翎

张　翎
1957

温州人，祖籍苍南县矾山镇四份内。1986年赴加拿大留学，现定居于多伦多市。二十世纪九十年代中后期开始在海外写作发表，代表作有《劳燕》《余震》《雁过藻溪》等。

　　藻溪是地名，也是一条河流的名字，在浙江省苍南县境内。藻溪是我母亲出生长大的地方，那里有她童年、少年乃至青春时期的许多印迹，那里埋葬着她的爷爷奶奶、父亲母亲、伯父伯母，还有许多她叫得出和叫不出名字的亲戚。藻溪附近有一个地方叫矾山，那里有一个出名的矾矿。早些年没有公路，矾山出产的明矾石必须通过藻溪的驿道水道，运往北国和南洋。一条由明矾而生的山路成就了藻溪当年的繁荣，也成就了我父母亲的婚姻，当然，也间接成就了我的生命。

　　藻溪发生的一切故事，对我来说都是史前的。我尚未记事时就随父母来到温州，一直在那里居住到上大学为止。在我二十九岁以前,我从未到过藻溪。我对藻溪的最初印象,来自我父母在家讲的那种节奏很快、音节很短、音量很大的方言。他们告诉我那是藻溪矾山一带的方言。我读书的小学校里有很多地、市委机关干部子弟,我的同班同学中有地委书记和市委秘书长的女儿,我曾为父母在同学面前用那样的方言交谈而暗自羞愧过。后来母亲带我去身为明矾石研究专家和全国人大代表的外公家里做客,常常会看见一些藻溪来的乡人,带着各样土产干货,坐在我外婆的病榻前和我外婆说话。到城里找工作,看病,借钱——常常是这一类的事情。外公和他已经成年的子女年复一年尽心尽力地为乡人帮着这样那样的忙,而我外婆和一位长住在她家的表姑婆则用方言和乡人们说着一些她们熟悉的人和事,在叙述的过程中,脸上便渐渐浮现出一种迷茫柔和而快乐的神情。

当我长大成人远离故土,长久地生活在他乡时,我才明白,其实我的外婆和表姑婆,一直到死也没有真正适应在城市的生活。她们的身体早就来到了城市,可是她们的心却长久地留在了藻溪。如果把她们的一生比作树的话,她们不过是被生硬地移植过来的残干断枝,浮浮地落在城市的表土之上,而她们的根,却长久地留在了藻溪。当然,儿时的我是不会懂得这些的。儿时的我穿戴得干干净净的,懒洋洋地倚在外公家的门框上,以一个城市孩子惯有的居高临下的目光,挑剔地看着乡人们沾着尘土的裤腿和被劣质纸烟熏得发黄的手指，暗暗庆幸自己没有出生在那个叫藻溪的地方。

我和藻溪第一次真正的对视，发生在1986年初夏。那是在即将踏上遥远的留学旅程之时，遵照母亲的吩咐我回了一趟她的老家，为两年前去世的外婆扫墓。这是我平生第一次回到母亲的出生地。同去的亲戚领我去了一个破旧不堪的院落，对我说：这原来是你外公家族的宅院，后来成为粮食仓库，又被一场大火烧毁，只剩下这个门。我走上台阶，站在那扇很有几分岁月痕迹的铁门前，用指甲抠着门上的油漆。斑驳之处，隐隐露出几层不同的颜色。每一层颜色，大约都是一个年代。每一个年代大约都有一个故事。我发现我开始有了好奇。

那是个风和日丽的日子，天蓝得几乎让人心酸，树和水的颜色都非常明丽，藻溪在阳光底下闪烁如金线。我那个后来成为温州城里赫赫有名的大人物的外公，原来是在这么一条小溪边出生的。择水而居大约是人类的天性。外公的父母辈在藻溪生下了外公。外公长大了，心野了起来，就沿着藻溪往北走，走过了许多地方之后，在一条叫瓯江的河边停了下来，于是母亲和她的弟妹们就相继在温州城里居住了下来。于是，我也跟随着父母在瓯江边上生活成长。后来我长大了，我的心也野了，想去看外边的世界。溪不是我的边界。江不是。海也不是。我的边界已经到了太平洋。

那次我还去了外公家族的祖坟。除了外婆，墓地里其他人的碑文对我来说几乎是完全陌生的。唯一的印象是那些没有名字的女人，或是正妻，或是填房，或是侧室，以一个××氏的符号，毫无特点地掩埋在一代又一代的岁月积尘里。

那个夏日的下午，我的心被这个叫藻溪的地方温柔地牵动起来。我突然明白，人和土地之间也是有血缘关系的，这种关系就叫作根。这种关系与时间无关，与距离无关，与一个人的知识学养阅历也无关。纵使遥隔数十年和几个大洲，只要想起，便倏然相通。只是那时我并不知道，那个夏天藻溪带给我的那些粗浅感动，要经过十几载的漫长沉淀，才会慢慢地浮现在我的文字里。

一个叫藻溪的地方。一些陌生的墓碑。一段在土改年月里成就的姻缘。这就是我在开始书写《雁过藻溪》时对藻溪的全部认识。这些印象是鲜活却零乱的，似乎无法组成一个延续到今天的故事。于是我想到了一个载体，一个可以把过去、现在、未来联结起来的人物，在他（她）身上我可以把那些零散的印象聚集成一条意向明确的线。构思的过程犹如布置圣诞树，各样的饰物原本是零乱没有主题的，然而一旦把它们一一挂在一棵青葱的树上，主题突然就呼之欲出了。

这棵树就是末雁。

末雁是我在加拿大生活中常常见到的知识女性。在有些方

民国时期,张翎外公(前排左一)家族在藻溪旧宅前合影

面,她们具有非凡的聪明睿智,完全能独当一面,而在另外一些方面却异常地天真无知无能。她们久不回国,思维方式由于多年时空的隔绝还基本停留在二十世纪八十年代的那个模式里。她们对中国的设想也还停留在那个时期的印象上。末雁的藻溪之行是个发现自我的旅程。在五十岁的年纪一程一程地回到人生的起点上,她发现的不仅是一个关于自己身世的硕大秘密,她其实也经历了错失在青春岁月的成熟过程。在那个叫藻

溪的狭小世界里,她遭遇了她的大世界里所不曾遭遇过的东西,比如欲望,比如亲情,比如真相。震惊过后,猛一睁眼,她才真正长大了——尽管退了三十年。

《雁过藻溪》的写作过程是一种惊心动魄的奔泻,中间完全没有阻隔,仿佛我和那里的每一滴水每一块石头都有无法言说的默契和熟稔,尽管我只不过在那里度过了半天的时光,而且那半天和今天已经遥隔了将近二十年。可是我半生积累的对那方土地的所有理性和非理性的感动,已经发酵到足够承载着我的灵感在纸笔无限广袤的空间里横冲直撞地飞翔了。

《雁过藻溪》是一个完全虚构的故事,同时也是一个完全写实的故事。虚构是因为故事的情节和人物并没有基于一件或几件很具体的人和事,尽管一系列的人和事给了我许多东鳞西爪的灵感。真实是因为承载这个故事的所有情绪,都是与那个叫藻溪的地方切切实实地相关着的。

《雁过藻溪》发表后,引起了一些关注,包括在海内和海外。今年早些时候,加拿大约克大学和西安大略大学的东亚系都曾经邀请我去朗读过小说的一些片段。不久后,约克大学的徐学清教授转来了一封电子邮件,是来自一个叫刘荣锴的陌生人。后来才知道,这位叫刘荣锴的人,是我在藻溪的一位表亲。他祖上的一位曾姨婆,嫁给了我的曾外公。我惊奇地发现,我和我的这位表弟,共同居住在多伦多多年,彼此一无所知,却因着一部与藻溪有关的小说，在茫茫人海里得以相认。于是，多伦多漫长的冬天因着一些共同的话题和记忆而变得温馨起来。

《雁过藻溪》最早是作为一个四五万字的中篇小说在《十月》杂志上发表的。后来在一次回国的旅途中，我和北京出版界的一位朋友见了一面。那时我刚刚从藻溪回来——那是我相隔二十年之后的故地重游。我给这位朋友看了几张在藻溪拍的民居旧迹照片。她被那些照片里厚重的历史痕迹打动，建议我把《雁过藻溪》改写成一个长篇，附上一些藻溪的旧照片。我自己也觉得作为中篇的篇幅限制了许多刚刚触及却还来不及展开的话题，比如末雁和越明的婚姻，以及诗人百川的感情经历等。于是几个月后，就有了这本图文交杂难以简单归类的书。它是对同名中篇的延伸。然而，在延伸的过程中又激发了新的灵感，这些灵感大大地丰富了故事的枝干。

感谢那条有一个诗意名字的河流——藻溪。在我行路的时候，你是我启程的灵感、中途的力量和最终的安慰。

所以，我把这部小说献给母亲，还有那条母亲的河。

（选自《废墟曾经辉煌》，浙江文艺出版社2019年版，原题为《也说〈雁过藻溪〉》）

江南古镇写意

虞锦贵

虞锦贵
1957

笔名流石子,苍南县金乡镇城中村人。中外散文诗学会副主席。著有散文诗集、散文集《风雨中的雕像》《故乡,时间的简史》《最后一枚落叶》等十余部,2020年出版长篇报告文学《狮子山下的河流》。

  我常常提笔想写古镇金乡,却因金乡变化太大无从下笔而搁笔,但金乡给我的印象是深远的,这深远的印象开始于遥远的童年。

  浙江最南端的百年古镇,至今一直保持着它那清淳淳朴的民风,古镇的四周围着环城河流,依然带着潺潺的水声缓缓前流,这个曾经商贾云集,方圆几十公里的农民常来常往的交易所,是一个商贸较为发达的地方,并且用一条条充满水乡情调的小航船,通过水路与江南一带交往连接着,历来与县城商业的兴盛平分秋色,并且似乎比灵溪、龙港的文化氛围更浓,也更见颜色,是江南水乡繁华程度长盛不衰的最后的小镇。

小镇是沧桑的，从小就在小镇上走动的我，目睹了小镇所经历的风雨、兴衰和变迁，小镇很古朴、精致、美丽，也很完整，但现在慢慢地变小、变丑、变残缺，小时候我走向轮船码头所经过的那些屋檐一排排，曾几何时，四所的城墙被拆除，八条巷和经纬分明的东西南北的条条街石被取走，代之而现的是黑色的僵冷的凸凹不平混凝土路，小镇清清的河水也因工业的发展变黑了变浊了，小镇人民是被刚涌来的商品经济的依赖操得有些不知所措了，把古建筑的老屋拆除了，却似一个有悖孝道的子孙将祖宗传下的遗产不加珍惜地损坏了，一幢幢钢筋水泥"火柴盒"的矗起，让我在风和日丽的日子再也听不到美丽的河水清脆的浪花声。

金乡人的意识终于在一段时间以后觉醒了，杨柳春色使一向恋家不出门的金乡人开始出门远行，兴办工厂，公司走南闯北的直接结果是将自己封闭多年的视野打开了，他们把外边的资源源源不断地运进来，又把生产的产品不断地送出去，那些熟视无睹几十年甚至几百年的粉墙黛瓦，深弄曲巷，小桥流水，蕴藏着金乡人的智慧和才智，在阳光下再一次地呈现它昔日有过的辉煌。

小镇开始小心翼翼地掸落灰尘，当一群外地来客在水天一色的秋天踏上这片百年古老的土地，不禁惊讶了：又一个卫城在他们的面前出现了，独得金乡话，古老的民风民俗的故事，那语调就像桥下缓缓流动的河水。

　　小镇人用特有的底蕴实施大手笔,将新区东辟,高楼林立,工业园的规划有条不紊,老城整饬修缮,保持江南古镇特色;人文荟萃,窄弄幽巷,六百多年的历史渊源包围着城内人,四周河水潺潺的"东方的威尼斯"。

　　我在周末的仲春温暖的阳光下走进这古朴的古街,我仿佛听到了琅琅的读书声,穿过修葺整齐的环城路;我用手抚摸着栏杆的铁索,仿佛觉得忠王戚继光的慷慨之气,而枝叶苍郁葳蕤的柳树在春风中微微婆娑着,载着鸟鸣,也载着游人快乐的笑语;我看到古镇上的一个个动作,带着孤光,带着余音,期待着那即将举办第二届全国商标文化节,是古镇再次伸出热情的双手,盛邀外面的世界进入古镇,展现她无穷的历史意蕴和迷人的春春魅力。

　　　　　　　　　(选自《风雨中的雕像》,中国文联出版社 2000 年版)

我的童年及青少年

林文翰

林文翰
1960

出生于苍南县矾山镇南堡村,祖籍莒溪镇田寮村。现任北京大学海洋研究院副院长,北京大学药学院教授、博士生导师。长期从事海洋生物天然产物结构与生物活性关系,海洋药物先导化合物发现等研究。

1960年5月26日,我出生于苍南县矾山镇,祖父辈原籍在苍南县莒溪地方。到我父亲一辈就搬迁到矾山。那时,父亲被分配到离家较远的凤阳供销社工作,母亲由于长年身体不好,便留在家里操持家务,从我记事起,哥哥已到黑龙江插队去了,两个姐姐也相继嫁人,父亲隔一段时间才回来一次,家中留守的只有我和母亲,记得那段时间母亲的身体很糟,我受当地老农的指点,常常背着竹筐上鹤顶山给母亲采药,每次采药回来,都要路过山脚下的一条小溪,每次我都要捉许多螃蟹,久而久之,我成了捉蟹高手。

风景秀丽的矾山坐落于四面环山的小盆地中,无论是草丛石缝，还是山涧密林；无论是小溪流水，还是山泉悠悠；使人如入清澈透明之境界，就在这样山清水秀、人杰地灵的地方，我也由一个嬉戏忘返的孩子慢慢地长大……

也许是秀丽的故乡滋养了我，从小学到中学，我的学习成绩在班里一直名列前茅，但那时正处在"文革"时期，学校正常的教学秩序被打乱了，功课也很松，我迷恋上了画画，一有空便去美术班上课或出去写生，造物主的神奇让我赞叹不已，美丽的自然景色恨不得尽收眼底，日子一天天过去，我的画由一张张水墨山水，到一幅幅人物速写……当艺术家的美梦也慢慢地开始在心底编织。上中学时，由于我较善良，常有人不时地来挑衅、欺负，为了防身，同班上一个功课很差但会打南拳的同学达成协议：我让他抄作业，他教我打南拳。从那时起，我们便天天出去打一阵子，还觉得蛮侠客的。由于我父亲在乡下频频调动工作，我也时常去乡下探望父亲，在乡下，时常见到缺医少药的农民受病魔的折磨，加上母亲长年的体弱多病，不由得产生了长大了当医生的念头。在那期间，我迷上了赤脚医生那个写着红"十"字的药箱，里面有那么多各种各样的药，很想为母亲得到一个，便报名参加了赤脚医生学习班，天天坚持去听课学习，回来练习针灸。有一次，哥哥刚好回来探亲，看到我一边给自己针灸，一边给穴位熏着艾蒿，搞得家里乌烟瘴气，哥哥风趣地说："我们家出医生了。"终于到了学习班结

鹤顶山

束发药箱的时候了,而且我的考试分数超出及格线十五分,可人家却说,药箱是按公社发的,一个公社发一个,而我属于城镇的,不能发给我。这也是我最初对医学的概念。

日子一晃到了1978年,我也高中毕业了,由于我崇拜医药事业,报考了医科院校,高考发榜时,却落榜了。这时,突然觉得自己似乎长大了许多,摆在我面前的只有两条路,要么顶替父亲的工作,要么继续高考。可当时,二姐仍在待业,父亲和我商量顶替工作之事时，我就毅然地表态让二姐顶替。同时深感到自己知识的贫乏，一种紧迫感向我袭来。为了让我专心读书，父亲送我到堂哥那里（平阳师范学校）补习功课，父亲每月把生活费寄给堂哥，堂哥再二次分配到我手里，那是一段艰难的日子，每次堂哥收到钱后，就先领我到馆子里吃一顿以补充油水，这样几乎花去月生活费的一小半，剩余的部分再二次分配给我，作为我一个月的开销。到我手里的钱本来就少，再加上我要买大量的复习资料，手头就更显拮据。记得，那时买不起练习本，就买四分钱一张的薄薄的大纸，回来一裁，订成一个个本子，正反面都用，也能对付好一阵子，我那时出奇地用功，由于教室一上完课就锁上了，住处又极其昏暗、狭小，我就天天独自上山，坐在树下学，一道道复习题啃，一个个概念背。有时学得入了迷，常常错过了吃饭时间，我只好饿着肚子继续奋战。记得唯有一教室的窗户不严，我常乘人不备时，从窗户跳入教室，便埋头学习。有一次，被对面房里的一位老师发现，他劝我以后别再跳窗，若要进教室，可向他拿钥匙，我十分感激他的热心。终于不出一个月我就在这个补习班里名列前茅。当离放假只剩一个星期时，堂哥放假回家了，而我只剩下一块四毛钱，一块钱我要留着当回家的路费，四毛钱我还要匀出三毛钱买两份复习资料，而我的屋内只剩下了一斤多米，半斤红糖，一罐咸盐，好在我喜欢吃糖，我想忍耐一下，还凑合够我维持几天，可要知道，当一个人天天吃糖，不吃盐时，就全身乏力了。当只吃米和糖到第三天时实在软弱得坚持不住了，我就把糖和盐拌到一起，可天晓得，那又是什么滋味！回家后把情况告诉了哥哥，到第二学期时，每月哥哥都直接给我寄些钱，这样，我的生活状况大大改善了，我深知机会的不易，更加刻苦，起早贪黑、分秒必争地度过了那段补习时光。

高考发榜时，我终于如愿以偿，考进了浙江温州师范专科学校化学专业，全镇只考上了三个人，我是其中之一。

（节选自《苍南文史资料》第十三辑，
苍南政协文史委 1998 年版）

难忘母校

周 波

周　波
1961

苍南县藻溪镇信用街人。1978年毕业于藻溪中学。现任南京航空航天大学自动化学院副院长、教授、博士生导师。长期从事电气工程领域的教学和研究工作。

　　今年是母亲建校四十周年，恰逢我们高中毕业二十周年。每当回想起中学时代，一幕幕学习、生活的片段，一件件校友互勉的情景，就会展现在我的眼前。二十年来，母校的培养，老师的教诲，同学的友情，始终在我心底占据最美好的一角。

　　我是1974年9月进入藻中学习，1976年初中毕业时，经母校老师的努力，首次在藻中开办高中班，面向藻溪、繁枝、渡龙和挺南等地招生。原招一个班，但为解决本地学生入学困难，又增设了个民办班，两个班学生达一百多人。那时办学条件与现在无法相比，首先碰到了两个大问题是师资和教室。学校采用了多种途径解决师资问题。从初中老师中抽调一部分任教高中，从外校调入教师，同时还聘请了几位代课老师。如温从意老师是从灵中调来执教我们语文并兼任班主任，章宝兰老师执教化学，卢立先老师教了一段时间数学。聘请的代课教师主要有周其畔老师、梁亦平老师和康延年老师，他们分别执教了一段时间的数学与物理……谢敦浩老师虽然没给我们高中班上过课，但我在藻溪小学时他就给我们上过语文课，初中物理也一直是他上。我当时任班长，学习成绩也很好，学校很多老师对我很关照，二十年来我对此一直难以忘怀。

在藻中学习另一件难忘的事是我们曾在娘娘宫上过课。当时学校为了解决高中班教室问题想尽了办法，借用了学校小山旁边的娘娘宫一间房子，我们就在那里上了一段时间的课（好像是一年）。虽然娘娘宫场地较大，但光线很差，到了下雨天、阴天，坐在后面很难看清黑板上的字。今年5月，我们首届高中班九十多位同学相聚母校，不少同学谈到当年在娘娘宫上学的情景，其中有位同学开玩笑地对我说："想不到娘娘宫这地方竟教出你这样的重点大学教授、系副主任。"

尽管当时教学与学习条件较差，但学校教学井然有序，同学们学习蔚然成风，大多勤奋好学，遵守纪律，没有松懈和怠慢。严格的学习生活与良好的学风，培养了一批人才，可以说首届高中班是母校办学史上最辉煌的一届。据我了解，毕业后考上名牌大学的两人，大专两人，有六人读了中专。这在七十年代末,尤其对我们这样小地方的中学确实不简单,这与母校老师的辛勤教育分不开。我们这届同学走上社会后,在各自岗位上发挥了很大的作用。有不少人担任了领导职务,成为骨干;有的成为企业家,为家乡与外地的经济发展做出了很大的贡献。这些都为母校、为我们首届高中同学争得很多荣誉。

二十年过去了,我也由一个未涉世的学生变成一名重点大学教师和科研工作者,在人才培养和科研上均取得了一些成绩。近年来,获得省、部级奖励与荣誉称号(立功、科技进步奖、优秀青年教师等)共六次,校级奖励与荣誉称号共五次,共发表论文数十篇。目前,作为负责人的科研项目有五项,其中部、省级项目有三项。自1993年以来,作为研究生导师共招收、指导了九名硕士研究生(其中五名已毕业)。回顾自己二十年的历程,内心十分感谢母校老师的培养和同学的鼓励。在母校四十周年校庆之际,怀着对母校、老师和老同学的无限怀念之情,衷心祝愿母校办得更好,以辉煌的成绩迎接二十一世纪。

1998年6月3日于南京

(选自《藻溪中学建校四十周年校庆纪念册》,1998年版)

童年歌谣玉龙溪

李步舒

李步舒
1963

苍南县桥墩镇松桥街人。长期在闽东工作,曾任福建省宁德市行政服务管理中心主任。著有《偶话耕读》。

　　故乡是一部书,值得一生共枕眠的书,而河流,则是穿淌在这部书里的题旨与文眼。

　　自从有了法定节假日,我就极少跟热附雅,总觉得周遭的天然美好,已够流连和欣赏了。况且时届知非年轮,"不如归去"的念头萌动着,驱使着我愈加向往人生的清凉小屋。于是,这个五一节我选择了回故乡,回到玉龙溪畔,把自己送回去博老母开怀,大概也是示孝之举吧!那些天,母亲的心情可以用"喜出望外"来形容。母亲的惊喜让我心生歉疚,惭愧与自责也如缕紫怀。追昔抚今,思绪绵绵,一些关于故土、故人的故事款款而来,我仿佛又回到当年听大人讲古的情形。思念像条无形的绳子，不论时光过去多久，总能拉扯住逝去的人或事。精神上的畅游又使我从萧萧马鸣声中，谛听出家乡玉龙溪的呐喊、沧桑与伟岸。

我的家乡桥墩地处浙南，是北方入闽的要津。千百年来，这片土地以其博大的胸怀与担当，接纳和嬗化着南来北往的文明流光。闽越文化在这里泊靠、歇息、碰撞、交融，以至于千年古镇与千里之遥的闽南文化脉络相续，风俗如出一辙。家乡人那腔"福建话"（闽南方言），就是一段无言的乡愁。其实，闽南话正是源于中原的河洛话。

水是生命之源，川流不息的家乡河——玉龙溪始终扮演着孕育与涤荡的使命。来自玉苍十万大山的汤汤流水，以及一路上不断加入的风雨呐喊，无时无刻不在叩问，你从何处来？要往何处去？该走的走了，该留的留了。宋时四大书院之一的鹅峰书院留了下来，二十个从这里走出的文武状元和进士留在了史册上。至今耸立于闽山浙水的天下名隘——分水关，成了那一曲曲如歌往事的聆听者。

乡音是带在身边的故乡，几多驿外邂逅蓦然回首，这一切也仅仅为着让乡情咀嚼出泥土的原味。而今，当我面对乡音，却又踌躇犹豫：渺小苍白的我真的认识她吗？面对玉龙溪穿越今古的苍莽与浩荡，我真的领悟了上善若水的天道至理吗？

我站在玉龙溪大桥凭栏环眺，虽然车鸣聒噪，却心无旁骛，沉湎其间。玉龙溪波光粼粼，雍容平和，宽敞平直的护堤游步道向桥的上下游伸长，一幅动静相济的画面也随之入眼。水面涟漪阵阵，放风的鱼儿不时地探头跳跃，触及光与影又慌忙下潜。人工码成的钓鱼台上，一根根渔竿列岸排开，在徐徐晚风中悠翘着、微颤着，耐心地等候着鱼儿上钩。饭后休闲的人们三五成群，或注目屏气，或指点惊呼着。靠堤边的烧烤铁架上炭火正旺，浓烈的烤肉香味随江风飘散开来。离溪东不远便是我儿时神往的鹅峰山了，峰巅似鹅的冠高耸峙立，山形如鹅身侧卧，呈回眸状环抱玉龙溪，那神情似在关注眼前的你我他。

记得读小学三年级那年，班主任陈爱华老师领我们登山，老师们严令大家在山岙玩耍。好奇的我与几个同样好奇的伙伴却违背师命，悄悄地没出老师的视野登顶而去。途中经过一座苔痕斑驳的土围子，后来才明白，那是早年驻扎信号兵的堡垒。到了峰顶，天地豁然，我们站在古烟墩（烽火台）遗址上眺望，四野苍茫，碧水绕翠，玉龙湖就像仙人遗忘在玉苍山脚下的一面镜子。学校像火柴盒那么丁点大，自家房屋没入一片瓦楞间。104国道像丝带，汽车如蚂蚁爬行，轰鸣声随着上升的气流隐隐传来。眼界大开后，我们生怕受责，还不忘采蕨归队，忐忑地将一大把蕨献给愠中的老师……余晖中，如织的车流到了大桥头右拐，缓缓地汇入集镇，消失在溪边的"酒旗风"中。东岸的游步道是另一番景致，赶时髦的大嫂大妈们，正踏着音乐的节拍兴致勃勃地舒展筋骨,与溪面上的鱼跃相映成趣。

桥是江面的彩虹,也是历史的惊叹号。在我所站位置下游又横跨着两座桥。桥与家乡的名字虽无绝对关联,却天然偶合。桥墩古名松山,康熙五年(1666)始称桥墩门。墩,是军事建筑,比寨小,设兵若干名。门,是军事关卡,与古分水关功用相似。过去的老汽车站门楣上就悬有"桥墩门"三个大字,现在只能从地方志书和老人的俚语里觅得其踪迹了。脚下这座桥建于二十世纪九十年代,是桥墩作为集镇重新进入繁荣期的产物,青石雕栏,单墩跨拱。下游两座桥早先曾是国道的必经之处,最古老的就数中间那座宽约四米、仅够小车单行的窄桥了。窄桥明弘治年间就有,古称松山八角桥,清康熙年间重修,改名平水桥。从我记事起,这座桥的前身是钢构架梁,墩柱低矮,没有栏杆,近似于工兵部队搭建的浮桥。桥面是用枕木轨式铺垫而成。发大水时,过往车辆得等水位下降后方可通行。隔水相望的是两个村居,东头的叫三十六街,西头的叫三十七街。听老人说靠三十七街的桥头原本有个码头,新中国成立前曾是霞鼎泰山区一带烟叶、茶叶等特产的水上始发点,如今已经荡然无存了。码头的消失与1960年的那场天灾分不开。那年头,家乡同样沉浸在人定胜天的"大跃进"激情中,桥墩水库的建设如火如荼。遗憾的是大坝刚刚合龙,就遇汛期淫雨倾盆,古镇就在这场人力不可为的浩劫当中涤尽遗存。整整十年,这里沙砾遍野，荒草萋萋。我家也未能幸免，直至我八岁，全家只能生活在南山冈的小屋里。二十世纪七十年代初，水库二度建设启动，从此，玉龙溪两岸生机渐萌，农舍翠竹，田畴炊烟，我的家也迁回了玉龙溪畔。此后的十个年头，我与玉龙溪结下不解之缘。

玉龙溪原本无名，因溪门宽阔便随口指称为大溪，后来上游建水库，又顺嘴叫水库溪。尽管溪名通俗得容易被人淡忘，但溪水品质好，水源足。从千峰万壑迢遥而来的清泉，就是从这里流入江南（苍南平阳俗称）百万生灵的日常生活。玉龙溪不仅是江南的景致，更是我和玩伴们童年的仙境。濯水成了生活的一部分，当把手脚放入激流，感受钝钝的水韵传导出的力感，专注久了会使你神情飘忽。夏日里，水面上凫动的欢悦，激越着你加盟到这快乐的嬉戏中来。为这，母亲们常常顶着烈日，在人头攒动的水面呼唤寻找她们的儿子。打水漂，也是一项有趣的水上竞赛。侧立，弯腰，俯身，迎着水面的光略一忔眼度量，丢手，石片平平地甩出，在溪面上弹跳三五个或七八个跟头后落入水中。石片贴水掠过漾起的涟漪越多，意味着功力越强，那么惊叹声会越响亮。

井水是溪流沁入大地的微循环，村头的水井也让我记忆犹新。刚能充当大人的帮手时，每天放学的第一桩事就是挑水。因为人多，经常水桶排成长龙，洋铁桶碰撞井壁的哐当哐当声持续不断。取水的队伍排得长了，焦急的我就走到井沿望着凉气森森的井里，生怕轮到了水却没了。井头同时又是村口开阔地，"唱蓬鼓"的评话时常在那盏昏暗的路灯下开张。桥墩过去出名的评书艺人吴招井是个盲人，眼虽盲，心却亮敞，讲起蓬鼓书来那金戈铁马、山雨欲来的气势常令你忘了呼吸；而幽默的调侃说白，又让人从小木凳上笑跌在地。不知他的后人是否承继了这个具有非遗意义的技艺？

时过境迁，这口井已经封存多年。那天我特地去看井，凭吊式地审视端详，内心的落寞莫名涌起：当再也听不到水桶触碰井壁发出的声音时，其实这井已经死了，井盖与不盖都是一样的结局。小时候，在我家百步外有条小溪，是从玉龙溪堤坝根挖出一个大洞引渠而来的。绕溪是一大片茂密的紫竹林，那是我儿时捉迷藏经常出没的地方，竹林尽头便是三十七街。这条一里多长的街道古时候与三十六街跨桥相连，是桥墩的经贸中心，南来北往的客商就是在这里打尖完成贸易的。日本鬼子投降那年，从霞浦沙塘登陆败退途经桥墩，烧杀掠抢无恶不作，整条街三百多间店面和民房被大火毁于一旦。这条街上有三个重要文物，杨府爷（杨令公）庙、天妃宫和文昌阁。从这些建筑今天的金碧辉煌，可以想象昔日的香火鼎盛，信众芸芸。文昌阁立在溪尾淙淙来水处，似在坚守着延续家乡文脉的神圣使命。

林语堂先生说：山逼着你谦逊、恭敬。家乡的玉苍山从来是我仰望的地方。曾经沧海难为水，镶嵌在大山崖壁上的海洋古生物化石，常让你惊叹造物主的巨大能量。汩汩的水流令你敬仰大山的无私与忍让，感怀生命的无常。玉龙溪就像大山的乳汁，源源不断地滋养着苍生大地。

夜终将归于静寂，流水终将奔向大海。我与溪边长大的玩伴吴招文先生意犹未尽，漫步独享这份清静。他指着溪水说，玉龙溪什么都比过去好，就差筑一道翻水坝。我深有同感。试想啊，曾经多少个静夜里，我们就是枕着涤荡尘世喧嚣的哗哗流水声安然入梦的。

玉龙溪，我的家乡河，我的童年歌谣。

（选自《偶话耕读》，海峡文艺出版社 2017 年版）

旧时溪山梦内寻

陈亦武

陈亦武
1963

苍南县藻溪镇横街人。曾任藻溪小学副校长，灵溪学区副研究员。著有小说集《雾村》和散文集《梦系家山》《后进分子》。

我的家乡藻溪，地处浙闽边界，最早的县治平阳始建于晋太康四年（283），历今一千七百余年，古东瓯之地，属吴越文化范围。1981年，苍南县从平阳析出，县治设在灵溪镇。在苍南县的行政区划图上，藻溪正好位于它的腹部。

藻溪附近的地形以丘陵、小平原为主。过去由于溪水经常暴涨、泛滥，少有人住。清乾隆《平阳县志》称燥溪，表示溪水雨后暴涨，久晴即干，故名。清中叶，当地民众筑坝拦水改造溪床，遂溪水长流，藻类丛生，燥溪也就更名为藻溪。与此同时，随着矾山矾矿的兴起，藻溪即成了明矾出口的一个重要中继站。那时候，灵溪至矾山的公路尚未开通，陆路运输就单靠着浙闽的驿道。明矾"经南宋，下险口，转藻溪，从藻溪的二七、二八埠头改水路运往鳌江，再到温州，由当时所谓的'火烟船'（大轮船）运往国外"（周功清《藻溪的变迁》）。至今，吴家园水库至南宋的驿道尚存。驿道险口段的"洞桥建于清乾隆五十六年（1791），桥长十六米，宽三点八米，高十米，用不规则石砌成，单孔拱形桥。桥身高跨在两山的涧间之上，险峻壮观。桥旁有一澈湖，几十米高的宽阔势猛的瀑流直挂而下，落入潭中，溅起一堆堆雪白的水沫，蔚为壮观"（《苍南旅游》）。

在我刚刚开始记事的时候，还能不断看到一队队的挑矾工穿着草鞋，披着坎肩，撬着柱脚（一截木棍，挑担时一端撬着扁担，用一个肩膀做支点，使两肩吃力均匀。放下担子时，又可以用来支撑扁担），从上九堡方向逶迤而来。

我的老家住在横街，街道两旁大都是历经上百年的两层木结构楼房，其间也夹杂着不少的单层木结构矮房，街道以石板或卵石铺成，经长期的草鞋踩磨，每块石头都显得油光发亮。

横街是挑矾队的必由之路。我家门前的石阶有两级，每一级石阶都与同排房子前的石阶整齐地连缀在一起。因而挑矾队每次在此歇脚时，总是一字儿排开地坐在我家门前的石阶上，抽筒水烟，打一碗隔壁莲英表伯母施舍的茶水，然后领头的用柱脚在街面上使力地顿了一顿，柱脚尾部的护铁碰击着卵石发出一声脆响，挑矾队就又齐刷刷继续上路了。

听老一辈人说，藻溪的繁荣，乃至鼎盛，全都得益于矾山的明矾和这些普通的挑矾工。有了明矾，才有了挑矾工，才有了古驿道上络绎不绝的行人，才造就了藻溪先辈们千载难逢的商机。一时间，藻溪街道两旁商店林立，店号竞奇，商业气息一派淳浓。

不过当初藻溪农产品和水果——烟、茶、甘蔗、西瓜、柿子、枇杷等也是远近闻名的。这些农产品和水果的盛产，也在一定程度上拉动着当时的藻溪经济，使藻溪的商业发育更趋于成熟。

当然，明矾也好，各种农产品和水果也好，它们要从大山的深处走出来，便都离不开藻溪的溪了。

在我居家的东西两侧，分别淌着一条清澈的溪流。两溪之间相隔约两百米。东边叫大桥溪，西边称九堡溪。

大桥溪源自东、西两溪。东溪久晴无水，西溪流长。大桥溪的水流经流石往萧江，明矾的水路运输便在这条溪进行。最早在溪南岸临水的一面先形成了半爿街，隔溪相望凭渡船过渡，后架过竹桥、木桥，均不牢固，台风季节，一涨水，桥即被冲垮。再后，春和章氏倡导建造大石桥，建成后取名"泗州桥"。至1972年，又在上游建成一座水泥公路桥。大桥高踞山边的溪上，南北走向，在桥上往下游眺望：清溪，古榕，长桥，嬉鸭，二三闲人，远处"公婆石"隐约可望。那道景观既是周功清君为我拍摄的小说集《雾村》封面，也是现今张延银君为我做的博客的背景图。

我的祖屋"陈长仁"毗邻"泗州桥"，后门临溪，后院两柱间刻有一对联："近山水居其人多秀，有诗书气生子必贤。"这副对子出自我小太爷爷陈瑞伍先生之手。他是藻溪公是小学的创办人，清庠生，曾任南港地区的自治会董事长。

九堡溪发源于上九堡的古井头，那里有一口一米见方的"古井"，从地底下涌出一股喷泉。沿溪下来，还有无数的小泉眼在昼夜不停地喷涌着，使小溪的水流由缓到急，蜿蜒而下，源源不断地注入"百丈井"，最后汇入大桥溪。

九堡溪溪底的淤泥里流沙上长满着一条条长达数米的如柳叶般的水藻，随着溪水的流动飘舞不停。游鱼藏匿其间，若隐若现。每年的四五月间，是田楞鱼（家乡人对小鲫鱼的土称）旺发季节，我们下学归来，偶尔发现有较大的鱼群，便禁不住心头的痒痒，立马脱掉脚上鞋袜，乒乒乓乓地跳入小溪中，拼命地追逐着小鱼。小鱼没有防备，突然受到这样意外的袭击，便忘命地逆流逃窜。有的一慌张，急急将身体插入溪底的淤泥里，我们正中下怀，躬身用手探入溪底还泛着泥浆的部位，一下子就逮住了这些惊惶不安的小生灵。那些小鱼在我们的小手掌心里竭力挣扎着挣扎着，由此传导过来的一阵阵痒丝丝的酥

2003年，藻溪

麻感,使我至今还忘不了。同时因为我们把溪水给搅浑了以后,招来了下游洗衣洗菜妇女的一顿恶骂,骂声里恨恨的,有点儿咬牙切齿,这使我至今也忘不了。再又因为那年头我们本来就是一群不讲读书的小无赖,在这种情形之下回报几块溪底的淤泥,还应该算是比较温柔的,于是那臭烘烘的淤泥在这班妇女身上开花的情景就更使我至今也还忘不了了。

九堡溪的水由于是来自地底,一年四季便都始终保持着一种恒温的状态。其水夏季冰冷,丝丝凉意,沁人心脾;冬季温暖,溪面水汽蒸腾。按诗人友来的话讲:那一阵阵扑面而来的雾气,让你想看又看不清楚,想看又看不彻底,一会儿由于阳光和冷风的扑打,现出清澈的面目,一会儿又重新聚拢,把你带入朦朦胧胧的幻境。这便是九堡溪冬季的雾。

在两溪水流汇合处,再往西北方向沿溪畔的竹林小径步行十多分钟,"一座形似双狮的山前,赫然耸立一根高达六十多米的巨大石柱,形似一对老翁老妪拥抱",这便是上面提到的有名的"公婆石"了。在我儿时,有一位名叫阿富的道人,四处募捐,"在公婆石的石崖上,建成一座石门道观,半为石室,半为悬楼,镶嵌在险峻的石崖上,高三层,近二十米,充满了奇、巧、险"(《苍南旅游》)。我的爷爷陈孝先先生在临终前题赞了藻溪的公婆石:

吾乡山水擅清奇,自古旧闻永见之。

知是公婆夫妇事,冰肌莹骨不为疑。

又

嗟尔公婆苦又难,风霜雨雪不知寒。公是铁石心肠,婆乃冰肌玉骨。两人处境相同,感情一家恩爱。世界上没有如尔俩的巨人。大地风光,天然佳偶,与天同不朽。

以上寥寥数语即是爷爷留给我的最后遗墨。

(节选自《梦系家山》,吉林文史出版社2007年版)

小小晴天

刘德吾

刘德吾
1965—2010

原名刘英,苍南县灵溪镇过港村人。曾任苍南县文联主席、温州市作协副主席。著有诗集、散文集《月亮上的村庄》《遥望的平台》《鸟声里的通家桥》等九部。

　　给女儿讨这么个名字,出于对晴天美好的印象。晴天,明媚,爽朗,灿烂。独自踽踽地行走在晴天的原野,那种感觉试一回你就知道了。阳光静静降落在小小的花瓣,静静降落在蜂蝶的翅膀;鸟雀的争吵声像几十块金属轻轻碰撞;远处向阳的山坡,笼盖着一层淡紫色的薄雾;水虽然还是原来的那泓清水,可一到晴天,就没有了,就让人不得不一再回忆那份透明。没有了的水纹和雷声,真是一种牵挂。

　　小女儿晴天出生三个月,有一天中午竟无缘无故朝我笑了一声。晴天一样灿烂的笑容,像来自隔世,像早就约好了似的。真是奇迹,真是庆典。再美的陶瓷,再美的花篮也无法与小晴天的笑相媲美。小晴天的笑脱俗、干净，无法认定它专注，确实可以说它像阳光照在水面上的感觉。这样的笑容绽放在蓝天白云底下，绽放在鸟鸣声中，而且是冲着我一个人，带给我的感受就可想而知了。我似乎一下子就升到了乐曲最动情的一个音符上，真是想唱歌，真是想：唱在内心，唱在血管。待真正脱口而出时，不是歌，竟是异常平淡的话："哦乖！真是乖！"妻不以为然。妻有些生气。这难怪，九个月怀孕，百般痛苦生产，日夜守护了三个月，稍不留神，小晴天竟将人生第一个笑容致给了只顾工作不大顾家的人。"这个世界，不公平的事真是多着哩。"妻愤愤不平。妻从来没有受过这种委屈。"这还了得！"妻说。

"想当年，我上山割猪草，得到的表扬最多；念书，得到的奖状也不少……"确实，从童年到青年，从小学到大学，妻争"第一"的意志坚定。出于人的本性，她对小晴天情有独钟，期待迫切，要求很高。妻特别迷恋莫扎特的音乐。"莫扎特第一钢琴协奏曲没有任何阴霾，没有忧伤和恐惧，只有对未来的幻想和憧憬，一切都明丽而鲜亮。莫扎特写这支曲子时才十岁。"妻滔滔不绝，不时把眼光投向小晴天。那意思还不是明摆着。

小晴天对音乐倒十分敏感。有时哇哇大哭，怎么抱，怎么哄，都一样哭不止，一听见歌声、乐器声，总是一下子就停止哭叫，整个人变得安静异常。"有音乐天赋。"妻这样断定。"这

桃湖人家

音乐细胞是从我身上传过去的。"妻赶紧补充。补充时面带喜色。这回轮到我不以为然了。我想：人这东西真是容易上当，特容易上自己的当。只是想着，我没敢把这层想法说出来，不然，妻会对天发誓不再理我。

小晴天越长越像她妈妈，从脸部轮廓到眼、鼻子和嘴巴，从外貌到神采，越往细微处看就越像。这个秘密妻是有天晚上在灯光的斜照下端详，端详，端详出来的。妻一下子兴奋得大呼小叫。不料，小乖乖竟一泡尿撒在妻的怀抱。妻只是惊叫一声，这一次没有生气。妻一贯是在同我的比较中生活着、工作着，无论什么事情，只要干得比我一个人漂亮，她就会觉得干得比世上任何一个男人和女人漂亮，有时连她妈妈和外婆都不例外。既然小女儿晴天长得更像她，她的心里当然就像吃了整片蔗林一样甜，当然打死也不会生气了。

"我会把她培养得像扎西莫多一样善良，像斯巴达克斯一样勇敢。"妻说这句话时充满了自信。世上一千个妈妈，对孩子就会有一千种美好的愿望，无论拥有什么愿望，自信都是一样的：风刮不斜，水冲不走，雷打不动。妻希望小晴天将来善良和勇敢，而不是富贵荣华，这真让我宽慰。不过妻决不是那种只希望儿女奋力拼搏，勇于争先，而自己可以庸庸碌碌、得过且过的人。为了生个孩子，妻前前后后请了五个月产假。"五个月啊！"妻晃动着五个手指头说，那口气像死了老娘。"断奶！断奶！我要上班去！"在给小晴天断奶这件事情上，妻共向我"申请"了三次，一次在被窝里，一次在饭桌上，最后一次在路上。我横直不表示同意。我拼命从图书馆找出一份旧报纸，把登有《婴儿过早断奶害处多》的那一面复印出来，带给妻。好说歹说，妻还是坚持自己的立场。我只能摊摊手、摇摇头。关键是小晴天没有任何表态，我就失去了强大的后援。

多么可怜的小女儿。别人家的婴儿吃母奶一般要吃到十个月,可她,出生刚刚四个月就被断了奶。这还不算,妻为了安心上班,竟将小晴天整个儿托给了隔壁三婶带,自己一头扎进教书育人的学校,"为人师表"去了。"天底下怎么会有这样不负责任的母亲。"不少人对我这么说,我都回敬以淡淡的一笑。我只能淡淡回敬,因为妻终归是妻嘛。好在小晴天吃了味全牌奶粉,吃大众牌米糊,发育硬是十分良好:胖乎乎的小手,胖乎乎的腿,胖乎乎的左腮和右腮,一笑,就露出一个小酒窝——另一个小酒窝还没有长出来,也许永远不会长出来,也许还会。不管怎样,反正我和妻下了班,回家拉开铁门的声响常常会惊动在隔壁三婶家睡觉的小晴天,她会毫不犹豫地呀呀呀呀径往我和妻身上扑,像一只小老虎扑向两只大羊,扑着了就笑,甜甜的。把小晴天抱在身上,有一种感觉迅速传遍全身,我觉得自己抱着的是一颗爱笑的奶糖。

(选自《鸟声里的通家桥》,中国文联出版社 2000 年版)

寻找曾伯祖父黄实

黄运特

黄运特
1969

苍南县宜山镇下市街人。现任美国加州大学英语系教授。著有《跨太平洋位移》《跨太平洋想象》《陈查理传奇》等,译有《庞德诗选:比萨诗章》《疯子与扫把》等。

小时候,我在苍南宜山时,常听家里人讲,我们的祖辈有一个人,叫黄实,博学多才,曾当过孙中山的秘书,只可惜英年早逝,没在历史上留下太多痕迹。年幼无知的我,当时对这些寻宗问祖的事,不感兴趣。后来,进了温州中学,上了北大,毕业后漂洋过海,去美留学,人就像一只风筝,越飞越远。只是对故乡家人的怀念,如一根无形的线,紧拴着我的游子心。对于那位老祖宗的事,尽管概念模糊,还是有点零星的记忆。

缘　起

今年 4 月，清明过后不久，我从美国回来，在北京大学和中山大学做了讲座后，绕道回乡探亲。到家第二天，家人带我去拜祖坟。黄家的祖坟在乌石岭，坐北朝南，青山绿水。尽管现在国内环境污染严重，但这里还是乡村荒野，朴素自然犹存。泊车在山脚，顺着一条山涧往上走，小时清明上坟时常见的覆盆子和野杜鹃花，依然遍布山野。只是那条溪流，在记忆里原是宽得吓人，如今一看，不过是一条窄窄的水沟而已。

祖坟有两座，在半山腰，靠右的比较古老，顶上的墓碑刻造于清乾隆八年（1743）；靠左的则较新，那里安息着养育我长大的祖父、祖母，此外还有大伯、大婶等几位前辈。那顶上有一块墓碑，刻字红漆已被雨水冲淡的，则属于我家的传奇人物——我的曾伯祖父黄实。好古弄文、人称"黄家司马迁"的父亲，给我讲起那块墓碑的来历以及前辈的故事。

据我父亲说，我曾祖父的哥哥黄实（1880—1921），原名树滋，字笃生，出生于我们老家宜山黄良村。四岁丧父，自幼勤奋好学，光绪末年省里应考，成绩优异，应聘执教于我曾就读的温州中学。辛亥革命期间，他积极投身救国，参加同盟会，活跃于江浙一带。取缔帝制，建立民国不久，袁世凯篡权，镇压革命志士。黄实和许多国民党要员一起，跟随孙中山，东渡日本避难。在日期间,他跟陈其美(字英士)交往很深,遂改名黄实,字秋士。他为陈代笔写了很多重要文献,包括著名的《致黄兴书》(1915年)。后来陈其美在沪遇刺身亡,黄实闻讯悲恸欲绝,先后写了两副挽联。1918年,孙中山在广州成立革命政府。1919年,孙中山发电报召唤黄实到广州大元帅府任机要秘书。只可惜黄实因多年为革命到处奔波,积劳成疾,鞠躬尽瘁,于1921年在广州病逝。孙中山随后电召黄实的弟弟(我的曾祖父)去广州面晤,并派人送灵柩至故里安葬。后来成了北京教育总长的彭允彝亲笔题字,刻造墓碑,就是我现在看到的那块。

我父亲讲的这些,跟我小时候听到的,大同小异。但是,经过多年在外漂泊后,我深知背井离乡、闯荡世界的辛酸苦辣。现在重听前辈的事迹,不禁肃然起敬。只是父亲的老故事,让我觉得意犹未尽。后来在地方报刊上找到的几篇文章,也是描述得不够详细。尤其是我最关注的黄实身居海外的生涯,更是一片空白。也许是游子同病相怜吧,我暗地里下定决心,要去寻找他的足迹。

寻　访

回美以前,我又途经广州,去了大元帅府的旧址,拜访前辈以身殉职的地方。回到美国,第二天就去学校图书馆查资料。刚开始时,有点像大海捞针,但我至少弄清了两个疑点。第一,民国史上有两个黄实,另外那位是云南人,1921年开始在广州大元帅府任职,是个军人。从稍微全一点的《民国人物辞典》中,都可找到另一个黄实的资料。第二,根据林壮志先生的回忆文章《我所知道的黄实、殷汝骊先生》(2008年),我的曾伯祖父在日本时,跟革命浪漫诗人苏曼殊是好友。但是,据我查阅的《苏曼殊全集》等有关文献,苏氏在一首诗序里写道"吾亡友笃生",此序写于1918年,而原以"笃生"为号的黄实在1921年才去世,而且此时他已改号"秋士"。苏氏的"亡友笃生"指的是杨笃生,他也是早期革命党人,跟苏氏交情笃深,于1910年因革命受挫而跳海自杀。

正值我感叹前辈过世太早,未留太多历史遗迹之际,突然峰回路转,我找到一本资料,是日本外务省特务跟踪孙中山在日行踪的秘密记录。从1913年8月至1916年4月,孙中山在日本每天的活动、接见的人士,都在秘密档案里记得清清楚楚。我随手翻了翻,"黄实"的名字突然从发黄的书页里蹦跳出来,历史顿时又活了。我如饥似渴地翻阅完这本资料,又去参照其他相关书籍,譬如孙中山、陈其美等人的传记以及国民党史料。经过核实补充后,我家这位传奇人物的旅日生涯终于有些眉目了。

原来,在日本时,黄实就已经跟孙中山来往密切。"二次革命"之后,几百位革命党人,包括黄实,纷纷被迫到日本避难。很多人衣食无着,处境窘迫。1914年7月,孙中山成立中华革命党,并集资创办私立学校(法政学校,即浩然庐),收容流亡者及其子弟,发津贴供养他们生活。黄实就是在这种情况下进了法政学校,并且成为革命骨干。日本密录指名道姓,称黄实为"陈其美的秘书"。当时,孙中山和黄兴政见不和。陈其美为了劝和,让黄实代笔,写了一封洋洋洒洒五千字的《致黄兴书》,旁征博引,晓之以理,动之以情,想让黄兴以革命大局为重,跟孙中山和好。虽然黄兴依然置之不理,这封信还是成了国民党史上的一份重要文献,后来被孙中山收入他的《建国方略》一书。

又据日本密录,负责管理中华革命党留守处的黄实,于1915年4月26日左右,"向居住在新加坡、美国的中国人寄去印刷品",日本档案里存有此印刷品一份,原来是中华革命党关于日本《二十一条》表明的立场。我们都知道,那臭名昭著的《二十一条》是袁世凯亲日卖国的条款,后来成了五四运动的导火线。

挖　掘

特工人员的笔录，尽管时间、地点、人物等疏而不漏，但文体则冰冷无情，没有血肉。譬如关于黄实多次到孙中山的寓所，密录大多如此记载："1914年9月19日，上午11时30分，黄实来访，参与交谈，11时50分离去""9月22日，下午2时50分，黄实来访，面谈，3时15分离去。下午6时45分，黄实再次来访，7时20分离去"，等等。据不完全统计，两年内黄实单独跟孙中山见面二十多次，陪陈其美一起与孙中山共商国是次数更多，另外还有信件往来。《孙中山全集》里就收有一封他给黄实的回函，而当时的日本特工是这样记录的："乙秘第112号，1916年1月25日上午8时，小石川区白山御殿町八号黄实来一函。"对于一位寻宗问祖的后代，这样的文献既是贵如家珍，却又不够具体，于是我顺藤摸瓜，继续。

后来，我发现黄实不仅是当时革命党在日本活动的主力军，还是孙中山与宋庆龄浪漫史的见证人。宋庆龄于1913年8月在美国韦斯利安女子学院毕业后，到日本看她的父亲宋嘉树和姐姐宋蔼龄。时年近半百的孙中山与二十岁的宋庆龄一见钟情，但由于年龄悬殊，遭宋家父母的竭力反对。1915年3月，从上海探亲回来的宋庆龄跟孙中山私订终身，只是要等孙办好跟原配夫人的离婚手续。根据日本密录，在这段时间里，由于陈其美生病住院，不便外出，他的秘书黄实跟孙中山、宋氏父女来往尤其密切。1915年的有关记录如下："4月15日下午3时45分，孙外出至菊町区三年町陈其美住处，与在那里的宋嘉树、黄实面谈""4月16日中午12时13分，孙外出至菊町区三年町陈其美住处，和黄实、宋嘉树、宋蔼龄、宋庆龄议事。下午1时40分，和以上四人一起去犬久保公园散步。后再回到陈其美处，共进晚餐"，等等。

透过特工密录的冷漠表层，我们可以想象当时这些场景的无穷微妙：孙中山在与我的前辈以及宋氏父女共商革命大事的同时，也在策划自己的人生大计。几个月后，被父亲软禁在上海家里的宋庆龄，在家仆的帮助下，破窗而逃，坐船到日本，与孙中山结为伉俪。孙宋的革命爱情史，家喻户晓，可黄实作为他们的见证人，伴随他们公园散步，共进晚餐，这些鲜为人知却又意义深远的事，只有靠像我这样的后辈，怀着对前辈的由衷敬意，才能把它们从历史的尘封里挖掘出来，再现于世。我只是感叹，为了了解家乡祖坟上一块民国墓碑背后的故事，我得依靠日本特工人员的反华密录来解谜，有点阴差阳错。不管如何，我的前辈现在该可以在故乡的青山绿水之间安息了吧。

（原载《温州都市报》2013年6月21日，题目为编者所加，原题为《黄实和孙中山交往的新发现》）

回乡偶记

叶存政

叶存政
1970

苍南县马站镇金山村人。曾任温州日报报业集团副总经理、温州新闻网副总编辑、浙报传媒旅游全媒体中心主任,现任中国旅行自媒体联盟理事长。著有诗集《纸上的美人》。

真快,不经意间,我离开乡间的田野和小溪,已经五年了。从起先隔三岔五地回家,到现在半年一载回一次家,乡间印象如那天边的云,在风中飘忽,渐渐淡去。

然而,越是我久违的事物,一旦有亮光闪现,便越是让人记忆深刻。

我的家坐落于镇上的一条路边,还开了爿小店。家门口的这条路通向山上的几个村落。说起来不怕见笑,虽是家居浙南山区,到城里来,有时还要被人称"乡巴佬",但住在镇上的与住山上的,生活境况大相径庭。就连称呼也不一样,山上的人喊镇上的人为"街道边人",而镇上的人喊山上的人为"山头人"。

"山头人"对这种称呼不介意，很习惯。一大早，他们便成群结队挑着柴草到镇上卖。中午时分，买点菜，回家。由于来回路途远，行路累，许多"山头人"在经过我家店门口时，都喜欢坐下小憩，抽一袋烟，喝一杯茶，看一会儿电视。

那是1993年以前，我常在店里帮忙。"山头人"质朴、豪爽，和我挺讲得来话。从他们睁大的眼睛和那专注的眼神，我读懂了他们对电视的那种新奇，放在我家店里的是一台彩电。有个老伯对我说："这家伙（指彩电），真是奇呀。"后来我才知道，老伯住的那个村有一百多户人家，只有一户人家有一台14英寸的西湖牌黑白电视机，天黑下来时，大伙儿搬着凳子到有电视的那户人家那里去"赶场"。

我还很关心"山头人"的菜篮子，咸鱼、豆腐、咸鱼片（那时很便宜），这几样菜是他们的主打菜肴。而且咸菜一买就是一大摞，他们说，腌着慢慢吃。

生活是艰苦了点，但言谈举止间，他们很乐观。"以后，我们也会有彩电的。"这话说起来容易，而办起来却不易，靠着那几亩山地和卖柴草过日子，一年难得有一点积蓄。

而生活中有些事真是无法预料，这日子说红火就红火起来。不久前，我又一次回乡。首先让我新奇的是，五年前连三轮车也没几辆的小镇，居然一下子冒出了十几辆桑塔纳的出租车，而且据说生意不错。

又一次坐在我家的店堂里,和"山头人"叙叙居家过日子,他们还是那样乐观、爽朗。不同的是,对我家的那台旧彩电不感兴趣了:"这家伙(指彩电),咱村里有四五十台了。现在,谁家女儿出嫁,娶媳妇,都要这家伙。"

再看看他们的菜篮子,以前鲜见的鱼肉已是家常菜了。那天,我在一个老伯的菜篮子里找出一个甲鱼来,便问:"现在,甲鱼也'上山'了?"他笑着说:"儿媳妇坐月子,买个甲鱼补补身体。"

在我的记忆中,"山头人"拎的菜篮子中有甲鱼,这还是头一回发现。

(原载《温州日报》1997年10月;
选自《苍南文学二十年·散文卷》,青海人民出版社2002年版)

梦开始的地方

郑学斌

郑学斌
1971

苍南县龙港镇（今龙港市）下垟郑村人。1988年毕业于苍南中学。现任中科院上海硅酸盐所研究员、博士生导师。长期从事无机涂层材料的研究。

每个人都有梦想。读初中时，我的梦想是考进苍南中学（原为苍南一中）。

可是当我美梦成真，进入苍南中学，以为可以一路坦途、继续绮丽梦想的时候，意想不到的事情却发生了。初进校门的第一场考试差点使我对未来的梦想完全破灭。时任我班班主任的杨道想老师，也是我的化学任课老师，在班里进行了一次化学摸底测验。那次考试的题目太难了。已经不能回忆起那场考试我的具体分数，但有一点是肯定的，那就是没有通过及格分数线。我一下子蒙了。没想到在苍南中学的学习会以这样的一种方式开始。难道我在苍南中学只能处于不及格的位置？！那以后还有什么信心学习？后来，我才知道，这只不过是道想老师的小小计谋而已。事实是，班里绝大多数的同学都没有及格！原来他是故意提高测验的难度，想给我们这些所谓的优秀生来个下马威，好让大家摘掉头上荣耀的光环，激励我们刻苦学习。

当时苍南中学的重点班在全县只招了不到一百名学生。这些学生在各镇的初级中学里都是佼佼者，一旦考上苍南中学，难免会有自满情绪。这种自满骄傲的状态如果不能得到及时的纠正，后果将不堪设想。这次难度极大的测验，对我们班的每一位同学来说，都是一次当头棒喝。它让我们重新认清了自我，真正学会从零开始。差点让我梦想破灭的一次考试，却成为梦想之舟再度扬帆起航的一阵清风。

经过在苍南中学三年的学习，我又一次实现了梦想，如愿以偿地以全县理科第一名的高考成绩被复旦大学化学系录取。在以后的求学和科研经历中，常常会想起在苍南中学的这场化学考试。这次考试让我学会的一个道理，一直激励自己在逆境中前行。那就是：挫折可以化为祝福，我们不要在挫折中沉沦，而要在挫折中奋起。

1998年，苍南中学校门

毕业离开母校十六年了，而母校已经迎来二十华诞。再感动的话语也无法表达我对母校以及培养过我的老师们的感激之情。由于工作的原因，我不能常回母校看看，但是却时常在梦中神游母校，在学习、生活过的地方流连忘返。这都是因为，那是我梦开始的地方。

（选自《苍南中学二十周年校庆文集》，2004年版）

一片云遥望故乡

白荣敏

白荣敏
1972

苍南县沿浦镇白蓬岭村人。现任福建省福鼎市太姥山风景名胜区管委会副主任。著有《走过乡间》《太姥记忆》《福鼎史话》,编有《太姥文化丛书》《太姥文化研究资料丛刊》等。

一

我和谢云先生只有一面之缘,可就是那次见面以后,一直想写点文字,为了记录一次看似平常却记忆深刻的见面,也为了内心一缕紧紧缠绕的乡愁,谢老的乡愁,我的乡愁,天下所有游子的乡愁。

见面在一年前,我和老家苍南的文友革新、宇春兄一起去北京参加一个关于散文的会议,其间,革新兄约我们一起去拜访谢老。谢云先生是当代中国著名书法家、诗人、出版家,老家文化人中的翘楚,苍南的骄傲,我仰慕已久,能见上一面,求之不得。

革新兄带了一箱老家的四季柚，说谢老乡情浓烈，最喜欢家乡的味道。其实只有八个，但扛着它坐地铁也颇不方便，辗转几站，到了谢家所在的小区，已过了午饭时间。考虑谢老可能午休，三个人就商量着，先找一家饭庄吃个饭，顺便把柚子寄在饭庄里，就近消磨两三个小时，等谢老午休起来再去拜访。不承想，走到饭庄门口，革新指着大楼墙根底下一位拄着拐杖的老人说，那不是谢老嘛！

老人身着黑色大衣，头戴瓜皮帽子，脚穿黑色布鞋，极小心地迈着碎步，朝我们这边走过来……原来他也是要到这家饭庄吃午饭的，见老家来人，显得很兴奋，便改变了计划："不在这儿吃，我带你们吃好的！"执意要换一家酒店，我们只好跟从。他带我们走出小区，穿过一个小广场，越过一条马路，来到了颇为气派的"中乐六星酒店"。

谢老说酒店是苍南老家人所开，自然点了一桌丰盛的家乡菜，还开了红酒。坐定之后，话匣子打开："今天真是巧！"八十五年风雨人生，此时却流露着孩子般纯真的兴致。

"文学就是巧合，一个情节可以变成一部戏，一句话就可以演绎一部电影。但现实人生有更多的巧合。我一次到新疆，见路边一个人在吹埙，面前摆一个摊点，在卖埙。开始没认出来，一攀谈，家乡人，好像哪里见过，再一问，中学同学！问他怎么会从东南老家到了西南边陲。一言难尽！……"

二

谢老的叙述像一条波澜不惊的河流。险滩，激流，都隐伏在看似平静的河水下面。他从中学同学再说到大学同学，说同学也在说自己，在五十年代中期的那场政治运动中，他们如何"戴罪改造"，从人生得意的巅峰，如何被重重地摔入社会的底层。他们在人世的苦难，时代的悲欢，亲情的离合，对于故乡的眷恋，都化在了平静的叙述里。

谢老1929年出生于浙江省苍南县（原属平阳县）江山三大庙村。六岁时跟随其父学画习字。读中学时参加"反饥饿反内战"学潮，并开始接受地下党的教育，随即参加浙南游击队，新中国成立后在地方宣传部门工作。1954年调到北京，翌年考入人民大学新闻系。在1957年的反右派斗争中，被定为"右派分子"，下放广西。

谢老在广西经受了长达二十年的人生磨难，"但是革命信仰、理想、精神没有倒塌，有时候还会因自信和执着而亢奋起来"。其间，他读书、练字、习诗，用思想来丰富孑然远游之身，用艺术为自己取暖。是时光之手的抚慰，和对于生命的爱意，让这一切过往都成为平静的回忆。改革开放的春天到来，谢老回到了北京,被选为中国书协秘书长,后主持中国书协党组的工作,其间创办了线装书局。

初冬的北京,灰蒙蒙的天空下面,到处流窜着带刀的风,但酒店的包厢里却春风拂面。谢老的平易拉近了我们之间的距离。这是难得的美好时光。我们吃着家乡菜,不时举起酒杯互相轻轻碰了一下,一个话题接着一个话题,轻松自在,透着一股浓浓的故乡情谊,还有一丝让人感觉温暖的浪漫诗意。

对,就是诗意,我眼前这位饱经风霜的老人身上洋溢着一股诗意,触动我的内心,拨动我的心弦,是那么令我着迷。

三

对着三位来自故乡的后生,他好像是对着一整个故乡,抑或是他故乡的老屋、村头的古庙、瓯江的帆影、玉苍山的杜鹃花……在倾诉。我知道自身的卑微,却有幸得到谢老这样的礼遇;但我也知道,此时的我们代表的是谢老的故乡,这是谢老对故乡的礼遇和尊崇,故乡在他心里是一个伟大的存在,而且只能是遥望中的存在。他说:"苍南人能够日日夜夜感受苍南大地的气息,是多么幸福!"

是啊!相比谢老,我是多么幸福!我也曾自诩游子,少年时代离开了生养我的小山村,如今在靠近苍南的福建省福鼎市

白蓬岭隐于浙闽交界处

安家立业,我想家乡了,就能立马回去看看,见见亲戚,会会朋友,看看草木。我忧愁的是,我童年的小山村在城市化浪潮的裹挟之下已经走向了消亡,老家已无家,但我距离老家近,只要愿意,我还能时时"感受苍南大地的气息"。更重要的是,我遇到了一个不同于谢老当年的时代。事实上,当今时代,许多人把异乡当故乡,而内心不觉得有多大的痛楚。

"要不要争取回一次老家?"谈话到了后面,这是一个无法回避的问题,所以我们还是小心地问出了口。

"倒是很想回去啊!……"谢老的回答里有几分无奈。我知道这个话题的沉重,年事已高,回去一次故乡,对身心是一次不小的"折腾"。"近乡情更怯",在谢老身上还有更深一层的意味。

但这越发加重了他的思乡之情,他把这晚年越来越浓烈的思乡之情都化在了书法作品之中,某种程度上成就了作品的高贵品质。评论家说,在当代中国书坛,谢云是一个巨大的存在。他独立的个性,深厚的学养,诗人的激情,与世俯仰的庄骚精神,使他获得了这种独立的存在。

我不懂书法,但黄君先生对他作品的评论,窃以为切中肯綮,为知音之言,他说:"谢云先生内心世界蓬勃健康、充满智慧和阳光,然而他所经历的现实人生却艰难、曲折,充满苦涩和矛盾,这种格局不仅造成他处事淡然而又坚毅奋进的人生态度,更是他独特书法风格形成的根本原因。"

回乡后,革新兄送我 2014 年出版的《谢云书法作品集》,始知中国国家博物馆已收藏谢老捐赠的书法作品六十八幅,还刚刚得知,就在几天前(2016 年 1 月 15 日),国家博物馆为彰显谢老的捐赠义举,又为他新近几年在耄耋之年不顾年迈,以忘我的精神创作并捐给国家博物馆的八十一幅书画作品举办"谢云书画艺术展"。他也曾多次为母校平阳中学和老家苍南捐赠书法作品达一百四十五幅（组）。他在《家乡出版〈谢云书法作品集〉感言》中说："我今年八十五龄，老了，越来越想念家乡。几间老屋，空了。老屋前方鲸头笔架山，翠嶂梦中长照。家乡田园春天油菜花熟，夏秋稻禾熟的澄明丰满景象，藏于心田，化为笔象，作书法墨笺于家乡博物馆，乞求父老乡亲教正。吟曰：客旅书笺纸，风云诵韵声。人间传消息，天地故园情。"一颗拳拳赤子之心和戚戚游子之意，感人至深，令人动容。

老家人都说，谢老是一位重情之人。记得那一天，谢老时时举杯，充满激情，我们一共喝了两支红酒，谢老喝得最多，超过四人的平均量。他一头飘逸的银发，在灯光的映衬下，闪着金属的光芒，双颊酡红，使我联想到故乡的红土地，我很想把它唤作"故乡红"。

长达三小时的午饭之后，谢老带我们去他的工作室小坐，我见壁上挂着一幅"瓯江帆影"，四个鸟篆大字，左侧画两片船帆在浪中漂泊，旁注曰："向远方遥望，找一片孤帆，秋江一望泪潸潸……瓯人谢云八十有五秋日。"

故乡在远方，一片云在苦苦地遥望……

（原载《海外文摘》杂志 2016 年第 4 期）

梦回天湖

鹤 矶

鹤 矾
1972

原名张巧艳,苍南县矾山镇顶村村人。杭州少年儿童图书馆副研究员。著有童话集《快乐花朵》《地球飞船》《窗口飘来个肥皂泡》等,近年创作长篇童话《阳光娃娃小晴天》系列十部。

昨夜,我又梦见自己回到了鹤顶山,回到了天湖。

穿过一片葱茏的茶林,绕过一段高大的石砌围墙,我便来到了天湖的大门。一个哨兵拍拍我的圆脸蛋,说声"小胖子",然后放行。

还是那条宽直的水泥大道,把一池清悠碧透的湖水分成两半,水中的鱼儿隔"路"相思。也把整个营地分为东西两面:东边有整齐的宿舍,喷香的食堂,宽大的运动场;西边是忙碌的卫生院,热闹的电影院,威严的指挥部……还是那树、那水、那房,一切都没改变!我似乎又看到了来去匆匆的魁梧的身影,球场上的飞跃的身姿!我奔跑,我欢呼:这,就是天湖!这,才是天湖！我魂牵梦绕的——天湖！

我知道，天湖永远只能在我梦中繁荣了。现在，天湖只剩下一片断壁残垣：齐整坚固的石砌军房早已被不法村民侵扰得目不忍睹；中央的水泥大道惨遭荒草肆意侵袭、掩埋；湖水干涸，水族朋友变成化石已有多年……

天湖本不是这样！

天湖曾经是一个盛极一时的城堡，是驻矾陆军战士的家园。记忆中，天湖的官兵永远穿着一身让人羡慕的绿军装，操一口很高贵很深奥的"普通话"，使邻近村民油然而生敬畏之情，甚至在围墙外采茶也都战战兢兢。

真正使军民融为一家的是天湖的卫生院与电影院。山上没有保健所，病倒的农人或是寻了短见的村妇都是在天湖的卫生院死而复生的。不花一分钱，挨几句"批评教育"在所难免。山民反正听不懂，未必不认为是劝诫抚慰之类的话。偶尔记住几个关键的词儿，一定要学给邻人听听，炫耀卖弄一番，以示自己见多识广……

孩子们最感兴趣的是天湖的电影院。傍晚时分，有音乐从空中飘过，我们便知道，天湖的官兵们在放电影啦。我们立即丢下饭碗，撒腿往山上跑去。室内电影院一般不向民众开放，我们只好挤在篮球场上，看那大屏幕。有时球场挤不下了，我们便聚在屏幕后面，同样看得津津有味。好在天湖的官兵及其家眷都很慈爱,从不吓唬小孩子。到天湖看电影就成了我们童年时代唯一的"高级"娱乐生活。

那时我还小,是哥哥姐姐们的累赘,他们常趁我一不当心的缝儿,撒腿就跑,把我撂在家里号啕大哭。我就想:假如我是解放军的子女,那该多好——天天能看电影,小小年纪就会讲"普通话"!我对天湖的情结,也许就是在那时种下的吧。

1977年的某个清晨,邻近茶农上山干活时,发现天湖的官兵在一夜之间,消失得无影无踪,就像"聊斋"一般神秘。前两天,人们也看到军车来往特别频繁,天湖戒严,禁止民众出入。大家以为这是军事演习,不当一回事;谁料想那些威严而慈爱的面孔会突然间消失得无影无踪?深受恩泽的山民还来不及道一声谢话一声别呢,天湖就人去楼空,就成了一座死寂的城堡,无可挽回地走向了没落……

那年,我虚龄六岁。

现在,我不需要任何人提携,就可以去天湖,或是任何一个地方,但天湖已经面目全非了。每次经过,我必像一个重游故战场的怀旧的将军,总要在枯枝与石块中间,寻找天湖昔日的荣光。但每次带回的只是苍凉的暮色和凄厉呼啸的山风。

1996年重阳,我约了几个同事再到天湖。天湖锈迹斑斑的大门上多了一个把守的"铁将军"。天湖怎能将我这个故人拒之门外?怎能挡住我朝圣的脚步?我义不容辞地找着了一处矮墙，并以主人的身份邀请同事们翻墙而入。我与甲、乙两人率先爬上墙头，正要拉丙、丁一把，只听轰隆一声，我脚下的石墙纷纷解体，甲一激灵把我推出两尺外，他自己也趁势跳到了路上，只落一只皮鞋被埋在乱石堆中。我们回头看时，乙还一脸惊恐地站在高墙上，手里紧紧抱着一块欲落未落的大青石！我吓得说不出话。心知无论我如何不肯承认，天湖已是一片废墟。那树，那墙，那石房，几经岁月的风化，人力的侵蚀，已让人无处寻觅天湖昔日的容颜，只能给夕照的落日增添几许悲凉，只能供落魄诗人唏嘘感叹一番……

数年后的一个春天，当漫山遍野的红杜鹃把我再次召回鹤顶山时，天湖连围墙都荡然无存了，任何人都可以自由出入。仅剩的几座军房，先有农人养猪养鸡，后有松鼠狐兔出没，也供游人野餐野营，但再也找不到战士们的足迹了。

现在，矾山的人民，甚至是天湖附近的山民，有几个能记住那些身着绿军装的可敬可畏可爱的陆军战士？有谁能在脑海中划出一方净土，陈列天湖这个荒凉的山庄？

没有人再说起天湖。我们脑中甚而至于没了废墟，没了痕迹。每一日，我们都在工作、学习、走后门、拉关系、讨价还价、钩心斗角，现实中的每一个喷嚏都比天湖重要，比历史重要。我们的丈夫、妻子、孩子，占据着我们全部的生命，我们就业、下岗、结婚、离婚，一天天消耗着生活——我们早挤不出任何时间给历史了。以致历史重演时,我们还惊奇地互相奔告:一场新剧又开幕了!

瑷珲残迹记载着哥萨克的罪恶,圆明园遗址刻满了民族的屈辱。天湖的废墟呢?这个东海的前沿哨所心甘情愿地承受被风化遭剥蚀的命运,其间到底有多少无奈、几许辛酸?废墟无言,废墟只冷眼俯视人世的起伏沧桑。人说好歌是唱给寂寞的,是有声中充满了无声。那么,天湖就是一道写给历史的孤独的风景,是喧嚣的现实中一块沉默而又意味深长的化石。

看看废墟,记住历史吧。不时烧些反省的纸钱,唏嘘凭吊一番,让历史永远只是历史,让废墟不再只是废墟。

昨夜,我又梦见自己回到了天湖。

(原载鹤矾的博客 2008 年 7 月 3 日)

故乡的小和大

哲 贵

哲 贵
1973

原名黄哲贵,苍南县灵溪镇燕头村人。现任浙江省作家协会副主席、《江南》杂志副主编。著有长篇小说《迷路》《空心人》《猛虎图》及中短篇小说集多部,2020年出版长篇非虚构作品《金乡》。

一

年轻时,总觉得故乡太小,温州太小,小到装不下自己的肉身。故乡如一副枷锁,是阻碍身体和灵魂翱翔的沉重包裹和累赘。人到中年,才慢慢发现故乡之大,才发觉温州之深厚,这种大与厚,不是地理意义上的,而是文化血脉和精神意义上的。我不是宿命论者,但是,不管承认与否,一个人的生养之地,从某种程度上决定了一个人看待世界的角度、宽度和高度。

当然,生养之地并不能决定一个人能够看多深,更不能决定一个能够走多远,因为,对于中国来讲,无论哪个地方有多么深厚而强大的文化力量,都只是中国浩瀚文化中的一条支流,一个组成部分。所以,在更多时候,大多数中国人会迷失在中国文化之中不能自拔,失去了观察世界的独特视角和鲜明个性。

所以,从文化角度来讲,生养之地和整个中国既是一体,又相对独立。只有分清两者的辩证关系之后,才是真正认识自己的开始。

二

对于金乡的书写,也是我探寻和认识自己的一次难得机会,我对这座东南沿海古镇的认识和梳理,从某种意义上也是我对自己的历史和现实的认识和梳理,甚至是对自身未来的可能的规划和期望。书中所写的每一种风物,都是形成我性格的综合因素。那是我的另一个胎记。书中所写的每一个人物,无论是他们的优点还是缺点,或多或少都能在我身上找到印记,特别是缺点,在我身上会展现得尤为明显。所以,我在书写他们的时候,在很大程度上书写的是我自身,我会不断自问,认识是否中肯?书写是否准确?我必须对书中的每一个人心怀体恤,可是,也必须对每一个人保持警惕。

其实,整个过程,最需要警惕的是我:首先,我对自己能

金乡博物馆

否认识和理解这个时代没有把握。我这么讲是真诚的。活到这个岁数，我对这个时代和世界有自己的认识和理解，可是，我深深地知道，我的认识和理解更多时候是主观的，是固执的，是偏颇的，是一意孤行的。我必须承认，我的认识和理解是以温州为出发点的，带有浓郁的温州气息和我个人的判断。那么，问题出现了，既然对时代的认识和理解不客观，又如何记录和判断这些时代洪流中的人物？这真是一个巨大的问题。其次，我曾经说过，尽量用不带偏见的眼光来打量和审视这个时代的人物，用文学的方式表达他们。可是，真正的问题是，我能否真正做到用不带偏见的眼光来打量和审视他们？我觉得这也是一个巨大的疑问；还有一个更加现实的问题，那就是我的书写和表达是否准确、有力。是的，我不能保证书中每个人物都满意我对他们的书写，但我必须通过自己这一关：我对他们的书写必须是相对客观和公正的，至少，这种客观和公正是文学意义上的。那么，我能保证做到这一点吗？我并不能保证，我所能做的，只是时刻警惕，时刻用平视的眼光打探他们，进入他们内心，挖掘他们自己也还没有察觉到的隐秘部分。我希望能做到这一点。

三

我完全有理由相信，在金乡行走和探寻的时间、与金乡人相处和交流的岁月，将会是我此生最重要的收获之一。

为什么这么说？在去金乡之前，我一直以为自己的生活便是当下中国人的生活，我以为自己一直是在"生活之中"，我是"在场"的。可是，去了金乡之后，我对这个认识产生了怀疑，我发现，我以前的生活，可能是一种自以为是的生活，是一种漂浮在想象表面的生活，是一种自我封闭的生活，是一种对历史、现实、土地、人类缺少敬畏的生活。也可以这么讲，我以前的生活可能是一种虚假的生活，而我一直打着"在场"的幌子，既蒙蔽了别人，更欺骗了自己。

所以，从这个意义上，我应该感谢金乡，金乡让我认识到中国之大和中国之小，在金乡，大和小是辩证而统一的。是金乡，让我认识到历史和现实的相互促进，以及历史如何有效地照应着现实，现实又如何传承着历史。是金乡，让我认识到人如何深入而开阔地生活在时代之中，更深切而热烈地生活在土地之上，如蚯蚓一样耕耘和发光。是金乡，让我认识到人类如何在现实和理想中寻找自己的定位，并为此坚持不懈。是金乡，让我认识到可能被蒙蔽的自己，让我懂得如何认识生活，并及时纠正生活态度。作为一个作家，金乡对我的意义更在于，她让我尝试着以一种新的姿态去书写，书写自己，以及自己与历史、现实和时代的关系。

（选自《金乡》，上海文艺出版社 2020 年版，本文为"后记"，题目为编者所加）

黄鱼的叫喊

缪克构

缪克构
1974

苍南县龙港镇（今龙港市）缪家桥人。现任文汇报社副总编辑。著有诗集、散文集、长篇小说《盐的家族》《黄鱼的叫喊》《少年海》等十余部。

一

冬日的一天夜里，我突然清晰地梦见了父亲。这个渔佬儿还是旧时的模样，表情严肃，不苟言笑，在海滩上忙忙碌碌，好像浑身有着使不完的劲。梦境中最为奇特的是，一群黄鱼发出叫喊，从海上如飞沙走石般席卷而来，吓了我一身冷汗。

前几天我大哥从温州乡下带了几条黄鱼来，隔几日我就做了这样的梦。捕鱼的父亲离开我们已经有十五年了，经历了那么长的岁月，他仍然固执地夹带着黄鱼的叫喊来到我的梦中。在电话中我便告诉了姐姐："怎么这么奇怪？好多的黄鱼，还发出了叫喊。"

"是什么样的叫声?"

"咕咕的声音,像窃窃私语。很浑浊,冒着水泡。"

"爸爸以前说过,大黄鱼在产卵时会发出咕咕的叫声。夜里在海上,听到的都是这样的声音。他就睡不着觉,心里开心。那时候打回来的都是一船一船的黄鱼。我们姐弟四个,都是吃黄鱼饭长大的。"

"怎么会有那么多黄鱼?野生黄鱼,现在很难得能吃上一条。用网真能捕那么多鱼吗?"

"是敲来的,都说叫'敲鱼'。一船又一船的黄鱼,放不住,就剖成鱼鲞,屋前屋后晒满了。"

"怎么'敲'来的?为什么叫'敲鱼'?"我很好奇。

姐大我十岁,出生于上世纪六十年代,她也讲不清楚。

我心里就老想着这个事情。隔几日,终于坐不住,利用休假时间,坐着动车回了趟老家,查县志,访渔民,想一探究竟。

二

据1992年出版的《苍南县渔业志》记载:"(温州)苍南县海域的大、小黄鱼由1—3月越冬渔汛和4—5月产卵渔汛构成。1—3月,大黄鱼常栖于40—60米深水域越冬,小黄鱼常在60—100米深水域越冬,构成越冬渔汛。4—5月,随着台湾暖流势力的增强及鱼类生理上的需要,大、小黄鱼先后进入本海域向北或西北移动,进行产卵,形成大小黄鱼汛。1956—1975年这二十年中,'敲𦨩'时起时消,致使小黄鱼在六十年代中期,大黄鱼在八十年代初期相继消失,形不成渔汛。"

"敲𦨩"捕鱼,是不是小时候常听到的"敲鱼"?渔业志里没有详说。苍南县原属于平阳县管辖,1981年独立建制,于是我又找来1993年出版的《平阳县志》,里面有一节专门对"敲𦨩"作业作了记述:"这是一度一哄而起的破坏性作业。1956年6月福建惠安县渔船,在(平阳县)石砰乡海面开始敲𦨩捕捞大黄鱼获得高产,渔民纷纷仿效。"而所谓"敲𦨩",就是"以大群渔船敲响竹杠,利用振动来围捕黄鱼,一次围捕几十万,使大小黄鱼因脑部的受振荡浮水而死"。

黄鱼属耳石科,每条黄鱼的头部都有一对耳石。我小时候常听到这样的故事:每条黄鱼的脑袋里都有一对小石头,春天打雷的时候,黄鱼都会从海面上探出头来,听雷声隆隆……

没想到,就是利用黄鱼头部的一对耳石,渔民们想出了敲𦨩捕鱼的方法。

然而,敲𦨩究竟是如何作业的,县志里虽有记载,却语焉不详。好在,与我父亲同时代的渔佬儿还有些人在世,我四叔小时候也跟着我父亲下过海,对这段历史,都有着深刻的记忆。

黄昏的时候,我便请了他们来姐姐家饮酒,等到脸色酡红,大家牵出了一大堆热闹的旧事来。

据说,每到捕鱼季节,几个村庄的青壮年就集中在一起。捕鱼的船队由两三只大船,近百只小船合成一艚。小船放在大船上,开到有渔汛的海域,再放到海面上。每只小船上坐两三个人,有风时起帆,无风时摇橹。大船由马达驱动,各有一名船老大负责掌舵和指挥。我父亲十六岁下海捕鱼,二十岁时就做了船老大,算是一个叫得响的人物。

船队开到海域,大小船只很快列成一个"人"字形。小船听从大船上挥动的旗帜的指挥,一起敲响绑在船舷上的竹杠,近百只小船齐声发出梆梆的巨大合音,通过水波振动,传到黄鱼的耳朵中。海面下的大小黄鱼被振得头晕眼花、神经错乱、狂躁不安,乖乖地被船队赶着往前蹿。鱼群越聚越多,海面上浮成一片,甚至把小船挤得歪来扭去。大船在前头张网等候,等鱼群进入网阵,从两边包抄,将渔网兜紧,只见黄鱼如小山般堆积起来,从海面上拱起。一把又一把大网兜从船上伸下来,一勺一勺将大小黄鱼统统捞到大船上,船舱不一会儿就堆起黄灿灿的鱼山……

村中上了年纪的人讲,渔船出海捕鱼,往往会作业好几天。船上的人员有明确的分工,谁掌舵,谁起帆,谁举旗,谁烧饭……都一一排定。敲舭捕鱼是村庄中的大事,人群聚集如

晒鱼鲞

过节一般，每当船队满载而归，公社的仓库里黄鱼就堆积如山，四面八方的鱼贩子纷纷划船而来，在水系密布的村庄码头买走一船又一船的黄鱼，剩下的黄鱼则分到每家每户去。为了防止黄鱼变质发臭，渔民们把它们剖成鱼鲞，晒成鱼干再卖出去。据县志上记载，1957年底最高峰的时候，全县共有敲𦩘渔船三十八艚，投入大小船只一千三百多只，下海劳力约七千人，1957年共获黄鱼两万吨左右，产量比1955年增加了二十倍。那时的黄鱼价格非常便宜，一毛四分钱一斤，还常常卖不掉，甚至发生将变臭的黄鱼大堆大堆倒进茅坑的事情。

三

从有记忆开始，我常见父亲在不出海的午后，在屋檐前晒太阳。走街串巷的瞎眼唱词人，左手搭着引路少年的右肩，右手拄着竹子拐杖，笃笃笃从石板路上一路走来，到我家门口坐下。牛筋琴，扁鼓，三粒板，一字排开，唱起一曲温州鼓词《征西大传》或者《说岳》。七字句式，韵文、道白相间的鼓词，让我的渔佬儿父亲觉得很陶醉。母亲烧上几条黄鱼，端上白米饭。我看到唱词的盲人喉结滚动，直咽口水。那是我作为乡村少年，最温暖最深刻的记忆。

那时我的渔佬儿父亲年轻力壮，作为一名船老大的声威名扬乡里。他有四个弟弟,三个儿子,连走路都喜欢发出铿锵的声音。他觉得有了近在咫尺的大海中取之不尽的黄鱼,根本不用担心将来的生活。他很感激1956年从福建惠安传入的敲舭捕鱼术,使黄鱼的产量一下子就翻了几十倍。之前,他带着大伙儿靠夹网、拖网、撵网,根本就捕不了多少鱼,而竹杠那么一敲,黄鱼的肚皮就纷纷从海面上翻起,一船船的黄鱼几乎唾手可得。

但他很快意识到,鱼群大量消失。那些鱼儿不是逃走了,而是大群大群、举家老小被捕捞上来,填进了饥肠辘辘的肚皮里。看着那些手指大小的黄鱼被垃圾一样扔在一旁,他显得忧心忡忡。他打算放大网眼,好让那些鱼子鱼孙逃生而去,繁衍后代。他还没来得及这么做,县里开始动真格的了,采取措施,要彻底禁绝敲舭作业。

对这些,他一点都不陌生。1956年,因为敲舭作业的产量奇高,县里开始时推出的是扶持政策,银行放贷支持,发展渔业五艚,大小船只达百余只。1957年初,县里意识到这种滥捕滥杀的行为,会使大小黄鱼灭绝,于是开始限制艚数,划分渔场,并确定5月到7月半为禁渔期。到当年10月,敲舭作业更被全面制止,全县三十艚渔船全部转产。但到1960年,农业歉收,渔业减产,村中患水肿病的人越来越多,敲舭作业在"救鱼不如先救人"的口号中,东山再起,出现了第二个高潮。1962年,邻村的渔船一网捕上大黄鱼四十多万斤,轰动四方。刚刚得到休养生息的鱼群遭到灭顶之灾。渔佬儿蠢蠢欲动,再次带人下海捕鱼。1964年,动静闹大了,惊动了国务院,发布关于禁止敲𦪉作业的文件。直到十多名坚持敲𦪉捕鱼和抗拒缴网的渔业大队干部和为首渔民被拘留,才使敲𦪉再次得到制止。我的渔佬儿父亲乖乖从命,交网歇业,躲过一劫。

到了1966年,"文化大革命"开始,我大哥出世了,看着面黄肌瘦的一家人,渔佬儿又坐卧不安了。他开始了最后一次冒险的行动,召集村民商量出海敲𦪉,并约定如果被查出,由他一人去坐牢;如果捕鱼成功,他则要分到两份。大家赞同,纷纷按下自己的手印。行动悄悄进行,夜里摸黑出海,第三日天未亮就收网回家了。黄鱼捕到不少,形迹也没有败露,渔佬儿顺利分到一千多斤黄鱼。母亲背着襁褓中的大哥,站着剖了一夜的鱼鲞,纳闷自家的黄鱼怎么比别人的多。父亲这才如实相告。因为害怕事后追查,一家人的内心恐惧仍在,直至数周后才将心儿收回皮囊中。没想到,敲𦪉作业第三次高潮由此兴起。1967年3月22日,国务院再次发布《关于禁止敲𦪉作业的通告》,至1975年才彻底禁绝。一艚又一艚的渔船不得不转产,渔民上岸,有的专心种庄稼,有的开始做起了小生意。父亲的船开始运载布匹、啤酒,往返温州和宁波间,有时候也开到上海,开始了人生的另一段旅程。

从那时候起，黄鱼已经形不成渔汛，甚至很难再捞上来几条了。

在物资匮乏的年代，靠海吃海的渔民们，用黄鱼喂饱了肚子，养大了孩子，度过了饥馑之年。敲䑩作业时消时长，从一个侧面反映了上世纪五十年代中期到七十年代中期的时代背景和历史遭遇。但未在预料之中的是，大小黄鱼遭到了毁灭性的打击，以至于小黄鱼在六十年代中期、大黄鱼在八十年代初期相继消失，更别说能够形成鱼汛了。这些发出咕咕叫声的黄鱼如绝迹般消失了，再也不会回来。只是，那些咕咕的叫声还在我的梦中出现，和我的渔佬儿父亲一起，成了我挥之不去的乡村记忆，成了追溯时的惋惜和心疼的情怀。

（选自《黄鱼的叫喊》，上海书店出版社2016年版）

一次次的离乡与返乡

绿 茶

绿 茶
1974

原名方绪晓,出生于平阳县鳌江镇塘外村,后搬至苍南县龙港镇(今龙港市)方岩下村。曾任《文史参考》主编、中信出版社副总编辑等,国内众多年度好书榜评委。著有《绿茶书情》《在书中小站片刻》等。

酒过六巡,微醺,总要搞点事情。三年前,搞了个公号叫"六根",两年前,搞了一套书叫"醉醒客",今年,搞了一次旅行叫"六根故乡行",首站去了我的故乡温州。

"六根故乡行",六个人集体去其中一位的故乡,闯入别人的故乡,审视陌生的乡土,这样的乡土书写也许能出来异样味道。我们六位分别来自湖北随州(李辉)、安徽合肥(叶匡政)、浙江温州(绿茶)、山东临沂(韩浩月)、河南濮阳(潘采夫)、河北石家庄(武云溥),刚好是三个北方三个南方。

每个人的故乡,留下一篇文字,六个故乡走完,六六三十六篇,整好一本书,玩和书两不耽误,书名都确定了——《六根寻根记》。

第一站选在温州，有很多机缘巧合。最终应温州塘河文化研究会之邀，六根温州行于 2017 年 11 月 18 日—24 日成行。

11 月 18 日午后，六根中的四根：叶匡政、韩浩月、武云溥、绿茶抵达温州。早一天傍晚，五根潘采夫已率先抵温。这天，六根老大李辉正在寒冷哈尔滨讲座。第二天一早，温州朋友来酒店接我们去游览江心屿。下午，安排了温州老城故居行：夏鼐故居、郑振铎纪念馆、马孟容马公愚艺术馆、城西基督教堂。傍晚，六根老大李辉到温，六根聚齐，在阿外楼和温州瓯海朋友们聚餐，餐后坐车去我老家苍南龙港。

11 月 20 日是满满怀旧的一天。

我出生在鳌江镇塘外村，后来全家搬到江南岸的龙港镇。中间那条江叫鳌江，温州有三条江，瓯江流经温州市区，飞云江流经瑞安，鳌江则流经鳌江、龙港两镇，也是平阳县和苍南县的县界。

一早六根来到我的出生地，平阳县鳌江镇塘外村。我整个童年都在这里度过，有十来位儿时的伙伴，一起江边抓螃蟹、滑泥梯，一起河里捞鱼、钓虾，一起塘沽两边打泥战、干坏事，每个野生童年干过的事，我在这个江边小渔村都干过。小村只有二三十户人家，彼此再熟悉不过，每家每户都是我们这帮熊孩子的捉迷藏宝地。

二十世纪八十年代,方岩内河码头

高中时期全家搬去龙港镇，就很少回老家了。曾经封闭、边缘的小村已通了马路，整个村子已经大变样，几乎每天放学都要去玩的红砖厂房已经盖成万达广场，好在老屋还在，只是更旧了。不久前凭记忆画了一幅老屋，原来，记忆中的老屋如此美好。

老屋这排房叫"七间楼"，是村子里比较早的整排二层小楼，大概我六七岁时盖的。右边三间是我们家的，中间两间是二叔家的，左边三间是三叔家的，如今，二叔三叔家都还住在这里。那时候农村里没有路灯、没有门牌，但只要提起"七间楼"，远近村子的人都晓得。

记忆中特别宽敞的楼前空地，原来只够停一辆车的宽度，门前绿油油的稻田，如今已杂草丛生，农民都放弃了下地种田，再也听不到田里的蛙声，那是儿时记忆中最动听的声音。

带着六根兄弟们在门前、门后，水闸、江边溜达了一圈，每寸土地都是满满回忆，很高兴最亲近的老友们来到这里，听我讲述那些陈年旧事。

下厂水闸是小村的地标，每逢雨季，水闸特别忙碌，那时候开闸都是人工的，一旦河道涨水，全村的年轻人都会跑来帮忙一起开闸，像驴磨面一样，大家一起使劲转动圆盘，挡在江河之间的水闸慢慢开启，河水怒冲向大江。每次开闸都是小村的节日，河里的鱼、虾、蟹被冲下来，胖头鱼被水冲下来会反复跃起，村民们拿着筐、拉着网，站在闸门下游两岸，能接住很多跃起之鱼。小孩们远远地看着，看到落网之鱼就欢呼，闸门一开，家里就有吃不完的鱼。

如今水闸下方淤泥沉积，渔船停靠，应该很久没开过闸门了，河道也污染了，鱼估计都没了，再开闸门，估计也看不到跃起的鱼，以及两岸捞鱼的人了。

晚上，好友阿富、阿头又带我们去海边吹风、吃海鲜，由于中午海鲜和酒已经过量，大家纷纷求饶，但端上来的海鲜十样有九样他们没见过，出于好奇还是吃了不少。对北方和内地来的六根诸友，两天的海鲜大餐的确让他们有点受不了了，但是除了海鲜，温州人就不知道怎么待客了。

应矾山镇政府和苍南朋友之邀，11月21日，六根一行去苍南矾山参观有六百多年开矿史的矾山矾矿。

温州有很多著名的地方我想去而没去过，矾山就是其中之一。小时候，好几次差点成行，最终还是觉得路远难走而放弃。如今通往矾山已经有很好走的路，但从龙港到矾山，还是走了一个多小时。引领我们来到矾山的是几位苍南文史爱好者，他们这些年一直在坚持矾矿历史的挖掘和研究，同时做矾矿工人口述史记录。

快到矾山时，李辉给黄传会打了一个电话，说到你家乡了。黄传会，矾山人，著名军旅作家，著有《海军纪实三部曲》等。

另一位作家朋友张翎也是矾山人,她原定要和六根一起温州行,但行程冲突没来,我们就替她回老家看看,行程中不断给她发照片馋她。

在福德湾炼矾遗址,首先迎接我们的是黄传会书屋,书屋里藏有一些关于矾矿历史的书和黄传会作品,墙上印着黄传会发表于《人民日报》的文章《我的名字叫苍南》。

书屋隔壁,是一家非常地道的矾山小吃肉燕店,吃了一碗又要一碗,美味至极,两晚肉燕下肚,浑身暖洋洋。

小雨中漫步福德湾老街,这里的老屋大多盖于清朝年间,房子由硬度很高的矾矿石垒成,坚固美观,在"福德湾茶书院"前,我们惊叹这栋院落的美观、大气。李辉兄说,应该叫"福德湾绿茶书院",呦,真心希望能有这样一家书馆,可惜前生没修来这样的福分。

福德湾老街是近年见过比较特殊的古村,没有太浓的商业味,很符合这座矿城低调、边缘的气质。在一家矿工自建的小型博物馆里,看到很多开矿年代的物件、家具、生活用品等,最让我欣喜的是矿工自绘的开矿流程图和工具图。

进入几百年开凿而成的矿洞,有一种莫名穿越感,洞内有些地方寒有些地方热,一层层递进,一层层下沉,这奇异空间是矾山人民几百年的巧夺天工,未来有无限的想象空间。

如今的矿区已经没有当年的热闹场面,我们几个突然闯入的参观者也没能惊醒沉睡的矿神,一排排熔炉还坚硬挺拔着,只是烟囱里再也不冒浓浓的白烟。运矿石的拖拉机已经废弃,挡还能挂上,只是看不到它突突往前走了。

矾山的矿工们如今世界各地开矿,有些人成为很有钱的矿主,他们从世界各地带回来矿石,在矾山建矾都矿石馆。我们平常很少留意身边的山和石,但这些石头被展示出来,看上去那么美,一点不亚于被提炼出来的金银珠宝。

晚上在苍南半书房,和矾山镇委书记、副镇长以及苍南知行读书会书友们交流,又了解了一些矾山的过去与未来,以及美好的想象和成熟的规划。很遗憾小时候错过来矾山的机会,或许那时候,矾山人民还在开矿呢。如今,这座矿山活化石越来越吸引世人的眼球,大街小巷都在基础建设,也许过不了几年,世界矾都将开凿出一片"新矿"——集旅游、矿山、美食、休闲于一身的矿生态城镇。

结束鳌江、苍南行程,之后两天我们还游览了温州瓯海区泽雅纸山、温瑞塘河、仙岩梅雨潭,最后来到温州半书房,分享温州行感受。

短短六天,六根温州行留下太多美好和回味。对我而言,这么多年的离乡、返乡,这次最独特。把我北京的"亲生"朋友带到老家,和家乡的亲人们见面,这种感觉很微妙,有很多感动在心头。

人生就是一次次离乡、返乡。

年轻时，总想离得远远的，越远越好，家乡的巨变让人不适应，总把"回不去的故乡"挂在嘴边。

这些年，有越来越多在温州坚守文化、文学、阅读的老乡，他们在有着肥沃文化土壤的温州大地上，用自己的方式培育着一棵棵文化小苗。认识他们，突然很有一种返乡的舒适感。

也许，该是思考返乡，以及以什么方式返乡的时候了。六根故乡行，开启了我的返乡之旅，谨以此小文纪念。

（原载六根公众号2017年12月6日，有删节）

编后记

温州曾出版过一本《乡思》，内容为"现当代温籍名家笔下的温州"，其中收录了四位苍南籍学人：朱维之、苏渊雷、杨奔、谢云。当看到谢云的篇名为《苍南乡思》时，心想，何不以此也编一本《苍南乡思》？

去年，我们整理了一份《苍南文献汇编》出版计划，后经部里同意，《苍南乡思》便作为"急先锋"打头阵。

接下来是烦琐的收集工作：先是列了一份长长的人物名单（共一百三十余人），然后在众多著作、报纸、杂志以及博客、公众号中寻找符合主题的文章，最终筛选了现在看到的五十二篇"乡思"的文章，寓意"吾爱吾乡"。

本书的选编原则，说明如下：

一、篇目按人物的出生年份顺序排列，从1905年至1974年，跨越八个年龄层。以1949年为界，分上下编，上编三十二篇，下编二十篇。在外作者四十五人（《我们讲金乡话长大》为兄弟二人合著），本地作者八人。其中卢声亮《家庭与学校》为首发。

二、内容以散文为主，有描写家乡风物，有回忆童年往事、母校生活，也有怀念先辈、父母、师友等。在写作语言风格上，在外作者和本地作者各有千秋，如苏渊雷旧学功底深厚，特选了两篇文言文；而本地作者如杨奔、萧耘春、高崎、简少微，形成了苦涩、古朴、奇崛、简约等别具一格的文风，为此，杨奔和简少微各选了三篇。

三、所选人物中有政要，也有军人，更多的是作家、艺术家、科学家等科教文卫界的学人。他们以苍南为起点，如一条条射线散落于北京、天津、上海、南京、杭州、温州、合肥、宁德、泰安、武汉、西安，以及港澳台地区，甚至美国、加拿大、新加坡，可谓"从世界看苍南"。

四、人物简介的籍贯（含祖籍）上，不再保留旧属的"平阳县"，一律以"苍南县"为准，具体到乡镇、村居（参考旧地名），共覆盖灵溪、龙港、藻溪、宜山、钱库、金乡、桥墩、莒溪、矾山、赤溪、马站、霞关、沿浦十三个乡镇。其中龙港虽于2019年撤镇设市，但所选文章均撰写于设市之前，因此统一改为"苍南县龙港镇（今龙港市）"。正所谓，行政分家，文脉不分家。

五、在校对方面，对原文中明显错误的地方进行改正：如"乌柏树"改为"乌桕树"，"蛋家"改为"疍家"，"苍南文化丛书"改为"苍南文献丛书"；林辉山《贫困岁月靠勤劳》原文写道"矾山镇以盛产明矾得名，我国90%的明矾产于此"，参考目前的说法，"90%"改为"80%"；何新《故园记忆》里关于温州中学校歌，经核对手稿，发现有三处出入，并称朱自清"亦为温州籍同乡"，均一并删改。此外，因受各时期语言规范影响，导致部分字词用法上参差不齐，如"做"和"作"，"渡"和"度"，

"洋"和"垟",均以当下为准。

六、在数字用法上,除年月日和固定数学用语保留阿拉伯数字外,其余均改为中文格式。标点符号参考2011年版《标点符号用法》,如引号、书名号之间不再使用顿号等。

在选编的过程中,我们发现:1949年前,苍南地区走出的人物中,平原和沿海多于山区和半山区;1949年后,逐步平衡。尤其是金乡、矾山等地,形成了文化聚集点,并向周边乡镇辐射,这也印证了政治、经济、文化相辅相成的规律。

因为排版的缘故,我们精心挑选了三十余张照片(老照片为主)作为插图,摄影者主要有:萧云集、张廷群、李士明、周功清、陈会斌、缪小娜、艾琳、孙新尖、林超、陈世班、方明靠等。

本书能顺利出版,主要得力于温州方韶毅精心地指导,还有苍南县政协文史委、县史志办、县图书馆以及众多友人提供了咨询和帮助,在此一并表示感谢。

由于时间匆促,篇目有限,难免会出现遗漏和错误,敬请各位同仁、读者谅解和指正,真诚希望能得到你们宝贵的意见和建议,交流邮箱:cnwx2020@126.com。

编者
2020年9月

图书在版编目（CIP）数据

苍南乡思 / 中共苍南县委宣传部编 . -- 上海：文汇出版社, 2021.2

ISBN 978-7-5496-3434-7

Ⅰ . ①苍… Ⅱ . ①中… Ⅲ . ①散文集—中国—当代 Ⅳ . ① I267

中国版本图书馆 CIP 数据核字 (2021) 第 029575 号

苍南乡思

责任编辑　苏　菲
装帧设计　何天健
出 版 人　周伯军

出版发行　文匯出版社
　　　　　上海市威海路 755 号（邮政编码 200041）
经　　销　全国新华书店
印刷装订　温州今日印刷有限公司
版　　次　2021 年 2 月第 1 版
印　　次　2021 年 2 月第 1 次印刷
开　　本　889×1194　1/32
字　　数　200 千字
印　　张　12

书　　号　ISBN 978-7-5496-3434-7
定　　价　68.00 元